„…jener pädagogische Stoß ins Herz"

Europäische Hochschulschriften
Publications Universitaires Européennes
European University Studies

**Reihe XI
Pädagogik**

Série XI   Series XI
Pédagogie
Education

Bd./Vol. 993

Frankfurt am Main · Berlin · Bern · Bruxelles · New York · Oxford · Wien

Michael Fontana

"...jener pädagogische Stoß ins Herz"

Erziehungswissenschaftliche
und biographisch-politische
Kontinuitäten und Diskontinuitäten
im Leben und Werk Eduard Sprangers

PETER LANG
Internationaler Verlag der Wissenschaften

Bibliografische Information der Deutschen Nationalbibliothek
Die Deutsche Nationalbibliothek verzeichnet diese Publikation in
der Deutschen Nationalbibliografie; detaillierte bibliografische Daten
sind im Internet über http://dnb.d-nb.de abrufbar.

Gedruckt auf alterungsbeständigem,
säurefreiem Papier.

ISSN 0531-7398
ISBN 978-3-631-59021-8
© Peter Lang GmbH
Internationaler Verlag der Wissenschaften
Frankfurt am Main 2010
Alle Rechte vorbehalten.

Das Werk einschließlich aller seiner Teile ist urheberrechtlich geschützt. Jede Verwertung außerhalb der engen Grenzen des Urheberrechtsgesetzes ist ohne Zustimmung des Verlages unzulässig und strafbar. Das gilt insbesondere für Vervielfältigungen, Übersetzungen, Mikroverfilmungen und die Einspeicherung und Verarbeitung in elektronischen Systemen.

www.peterlang.de

Danksagung

Besonderer Dank gebührt Dr. habil. Benjamin Ortmeyer, der mich im Rahmen des von ihm und Prof. Dr. Micha Brumlik geleiteten Forschungsprojekts „*ad fontes – Dokumentation und Einschätzung der pro-nationalsozialistischen publizistischen Tätigkeit führender Köpfe der Geistes- und Erziehungswissenschaft*" zu dieser Arbeit angeregt hat und der mir jederzeit durch Diskussion und Kritik unterstützend und ermutigend zur Seite stand. Daneben gilt mein Dank Dr. Hans-Joachim Lißmann für seine hilfreichen Anregungen und Hinweise.

Vorwort

Im Rahmen der Vorarbeiten zu dem inzwischen abgeschlossenen Forschungsprojekt „ad fontes" entstand das Vorhaben, der Frage der Kontinuität und Diskontinuität in der Biographie und dem Werk Eduard Sprangers als einem der führenden Köpfe der Geistes- und Erziehungswissenschaft in Deutschland nachzugehen. Die Literaturstudie von Michael Fontana nähert sich dieser Fragestellung mit einem ideologiekritisch-diskursiven Ansatz in drei großen Schritten:

Zunächst wird der theoretische Gehalt von Sprangers Hauptschriften, der „Lebensformen" und der „Psychologie des Jugendalters" im Kontrast zu dessen Abgrenzung gegenüber der Reformpädagogik und gegenüber Herbart geprüft. Im Ergebnis bleibt, dass Spranger ohne empirische Basis und in Anlehnung an Platon sechs „Lebensformen" konstruiert, als übergeschichtliche Prinzipien vorstellt und in begrifflichen Kombinationen variiert (bei Spranger durch die Metapher des Würfels verdeutlicht). Insbesondere die Abgrenzung gegenüber Freuds Psychoanalyse und dem dabei geforderten „starken Ich", so entwickelt der Autor überzeugend, mündet bei Spranger in eine pädagogische Philosophie der Unterordnung der eigenen Persönlichkeit unter Gott und Staat als angebliche „wahre innere Freiheit".

Auf dieser zu Beginn der 1920er Jahre geschaffenen theoretischen Grundlage basieren die bis 1932 entstandenen staatspolitischen und staatspädagogischen Aufsätze Sprangers, in denen deutschnationale und staatsgläubige Grundmuster und Denkfiguren festgeschrieben werden. Die Präsenz antisemitischer Denkfiguren in dieser Zeitspanne – vor allem Sprangers Gegensatzpaar „deutsch/jüdisch" – weist darauf hin, dass der Antisemitismus keinesfalls nur ein Merkmal der NSDAP war. Auf der Basis theoretisch irrationaler Konstruktionen und staatspädagogisch-antidemokratischer Überlegungen wird eher verständlich, in welch großem Umfang Spranger ab 1933 das NS-Regime publizistisch unterstützt hat.

Der Autor unterscheidet dabei sehr genau zwischen einer Werkanalyse und der nur teilweise (etwa durch Briefe) zu rekonstruierenden Biographie Sprangers. So werden die daraus entspringenden Widersprüche der Person und des Werks Sprangers, insbesondere dessen Grundtendenz der Anpassung an den jeweils gegebenen Staat, auch für die Zeitspanne nach 1945 nicht übergangen.

Im besonders beeindruckenden abschließenden Teil über den autobiographischen Rückblick Sprangers auf die NS-Zeit wird als Pointe die von Spranger konstruierte und sich damit selbst rehabilitierende Unterscheidung von Hitlerismus und Nationalsozialismus untersucht. Dabei wird diese angebliche Differenzierung vom Autor als entscheidendes Hindernis auf dem Weg zu einer eigenständigen Analyse der Rolle der Erziehungswissenschaft in der NS-Zeit herausgearbeitet.

Michael Fontana hat in seiner von mir betreuten Abschlussarbeit, die nun in einer leicht überarbeiteten Fassung der wissenschaftlichen Öffentlichkeit vorgelegt wird, in höchst beeindruckender Weise den Zusammenhang zwischen Werkanalyse und Biographie Sprangers im Kontrast zu emanzipatorischen Ansätzen in der Pädagogik hergestellt.

Benjamin Ortmeyer

Inhalt

Einleitung — 11
1. Überblick über die Biographie und das Werk Eduard Sprangers — 11
2. Eingrenzung des Themas und Aufbau der Arbeit — 14
3. Schwierigkeiten der Annäherung an Eduard Spranger — 17

I. Sprangers theoretische Grundlegung der Erziehungswissenschaft — 20
1. Metaphysik und Typenlehre in den „Lebensformen" (1921) — 20
2. Zur „Psychologie des Jugendalters" (1924) — 26
   a) Spranger zu Sigmund Freuds Theorie der Psychoanalyse — 28
   b) Das Frauenbild Eduard Sprangers — 30
   c) Spranger zur empirischen Methode — 31
3. Sprangers Abgrenzung gegenüber Herbart und der deutschen Reformpädagogik — 33
   a) Spranger über Herbart — 33
   b) Spranger über die deutsche Reformpädagogik — 35
4. Einzelne positive Aspekte in den erziehungswissenschaftlichen Schriften Sprangers — 36
5. Die „innere Freiheit" als Unterordnung unter Gott und Staat — 38

II. Staatspädagogik — 43
1. Das Gegensatzpaar „deutsch/jüdisch" bei Eduard Spranger — 43
2. Die „deutsche Seele": Zentrales Element der deutschnationalen Ideologie Sprangers — 48
3. Staat und Militär — 51
4. Die Diktatur, der Führer und „die Idee" — 55

III. Sprangers politische Positionierung zu NS-Diktatur und „zweiter Schuld" — 59
1. Vorgeschichte und Beginn der NS-Herrschaft: Begrüßung und Konflikte — 61
2. Weitere Akte der Unterstützung des NS-Regimes — 67
3. Vorsichtige Abkehr vom NS-Regime gegen Kriegsende — 69
4. Die autobiographische Rückblick auf die NS-Zeit — 72

Zusammenfassung — 78

Literaturverzeichnis — 79

Einleitung

Die vorliegende Studie ist als Beitrag zur Beantwortung der Frage konzipiert, ob es einen inneren Zusammenhang zwischen der politischen Biographie Eduard Sprangers – insbesondere zwischen 1933 und 1945 – und seinem erziehungswissenschaftlichen Werk gibt und wenn ja, ob dieser Zusammenhang zwar potentiell angelegt, jedoch nicht zwingend ist. Vor der Eingrenzung des Themas und der Schilderung des Aufbaus der folgenden Untersuchung soll zunächst ein kurzer Überblick über die Person und das Werk Eduard Sprangers gegeben werden.

1. Überblick über die Biographie und das Werk Eduard Sprangers

Eduard Spranger wird am 27.6.1882 in Groß-Lichtenfelde bei Berlin geboren. Er besucht anfangs das Dorotheenstädtische Realgymnasium, dann das humanistische Gymnasium zum Grauen Kloster. Er studiert von 1900 bis 1905 Philosophie, Pädagogik, Geschichte und Literatur an der Universität Berlin, u. a. bei Wilhelm Dilthey, Friedrich Paulsen und Otto Hintze. 1905 promoviert er bei Friedrich Paulsen und Karl Stumpf mit der Dissertation „Die Grundlagen der Geschichtswissenschaft"[1], 1909 legt er seine Habilitationsschrift „Wilhelm von Humboldt und die Humanitätsidee"[2] vor. Zwischen 1906 und 1911 unterrichtet Spranger stundenweise an zwei höheren Mädchenschulen.

Seit 1909 ist Spranger Privatdozent für Philosophie und Pädagogik in Berlin. Von 1911 bis 1920 ist er ordentlicher Professor für Philosophie und Pädagogik in Leipzig, von 1920 bis 1946 in Berlin. 1922 bis 1927 leitet er die „Studiengemeinschaft für wissenschaftliche Pädagogik" am Berliner Zentralinstitut für Erziehung und Unterricht. Spranger wird 1923 zum Dekan der Berliner Philosophischen Fakultät ernannt und ist seit 1924 Mitglied der Preußischen Akademie der Wissenschaften.

Spranger macht sich in der Weimarer Republik im nationalkonservativen Rahmen immer wieder für seine Vorstellung vom „Deutschtum" stark. Dies kommt u. a. in seinem Wahlverhalten zum Ausdruck; er bevorzugt die Deutsche Volkspartei (DVP) und die Deutschnationale Volkspartei (DNVP). Spranger selbst schreibt 1953, dass seine politische Parteinahme in der gesellschaftlichen Umbruchsituation 1918 und danach eindeutig „auf der Seite der Deutschnationalen"[3] war. Das wird

---

[1] Spranger, Eduard: Die Grundlagen der Geschichtswissenschaft. Eine erkenntnistheoretisch-psychologische Untersuchung, Berlin 1905.

[2] Spranger, Eduard: Wilhelm von Humboldt und die Humanitätsidee (1909), 2. unveränderte (durch photomechanischen Druck hergestellte) Auflage, Berlin 1928.

[3] Spranger, Eduard: Ein Professorenleben im 20. Jahrhundert (1953), in: Spranger, Eduard: Gesammelte Schriften, Band X: Hochschule und Gesellschaft, herausgegeben von Walter Sachs, Tübingen / Heidelberg 1973, S. 347.

auch an seiner Mitgliedschaft und Mitarbeit in diversen nationalkonservativen Organisationen deutlich, wie dem „Verein für das Deutschtum im Ausland" (VDA) oder der „Akademie zur wissenschaftlichen Erforschung und Pflege des Deutschtums (Deutsche Akademie)", deren Berliner Vorsitzender Spranger von 1926 bis 1930 war. Dort setzt er sich u. a. für die Unterstützung der „Deutschtumsarbeit" in Estland ein.[4]

In der Zeit der Weimarer Republik erscheinen die beiden Hauptwerke Sprangers, die „Lebensformen" (1921)[5] und die „Psychologie des Jugendalters" (1924)[6], die seither in mehreren Auflagen gedruckt wurden. Wirkungsgeschichtlich ist für diese Zeit außerdem der Sammelband „Volk, Staat, Erziehung" (1932)[7] von Bedeutung.

Spranger wird 1933 Mitglied im „Stahlhelm – Bund der Frontsoldaten". Im selben Jahr tritt er von seiner Berliner Professur zurück, nimmt sie jedoch wenig später wieder auf und behält sie bis 1946. Spranger bekundet in mehreren öffentlichen Stellungnahmen seine Parteinahme für das NS-Regime (wenn auch mit vereinzelt geäußerten Vorbehalten). Die wichtigsten Stellungnahmen sind die Artikel „März 1933" (1933)[8] und „Die Epochen der politischen Erziehung in Deutschland" (1938)[9]. Beide Artikel erscheinen in der Zeitschrift „Die Erziehung", deren (Mit-)Herausgeber Spranger von 1925 bis 1943 ist.

In die NS-Zeit fällt auch Sprangers Aufenthalt als Gastprofessor in Japan (1936–1937) im Auftrag des NS-Staats; er wird jedoch nie Mitglied der NSDAP. Im Zweiten Weltkrieg ist Spranger außerdem als Heerespsychologe tätig. Im September 1944 wird er im Zusammenhang mit dem Attentat auf Hitler vom 20. Juli 1944

Im Folgenden sind alle Hervorhebungen in Zitaten wie in den Originaltexten wiedergegeben. Bei Texten von Spranger selbst wird zusätzlich zum Erscheinungsdatum das jeweilige Entstehungsjahr angegeben. Auslassungen in Zitaten werden durch runde Klammern gekennzeichnet, eigene Einfügungen in Zitaten stehen in eckigen Klammern.

[4] Siehe dazu: Himmelstein, Klaus: Die Konstruktion des Deutschen gegen das Jüdische im Diskurs Eduard Sprangers, in: Meyer-Willner, Gerhard (Hrsg.): Eduard Spranger. Aspekte seines Werks aus heutiger Sicht. Mit einer bisher unveröffentlichten autobiographischen Skizze von Eduard Spranger, Bad Heilbrunn 2001, S. 59.

[5] Spranger, Eduard: Lebensformen. Geisteswissenschaftliche Psychologie und Ethik der Persönlichkeit (1921), unveränderter Nachdruck der 5., vielfach verbesserten Auflage, Tübingen 1950.

[6] Spranger, Eduard: Psychologie des Jugendalters (1924), 23. Auflage, Heidelberg 1953.

[7] Spranger, Eduard: Volk, Staat, Erziehung. Gesammelte Reden und Aufsätze, Leipzig 1932.

[8] Spranger, Eduard: März 1933, in: Die Erziehung. Monatsschrift für den Zusammenhang von Kultur und Erziehung in Wissenschaft und Leben, 8. Jg. (1933), S. 402–408.

[9] Spranger, Eduard: Die Epochen der politischen Erziehung in Deutschland, in: Die Erziehung. Monatsschrift für den Zusammenhang von Kultur und Erziehung in Wissenschaft und Leben, 13. Jg. (1938), S. 137–164.

1. Überblick über die Biographie und das Werk Eduard Sprangers

von der Gestapo verhaftet und bleibt für zehn Wochen inhaftiert, obwohl er nicht Mitglied des Widerstands ist. So kann er auch unmittelbar nach seiner Entlassung er seine Lehrtätigkeit wieder aufnehmen.

Nach einer kurzen Tätigkeit als kommissarischer Rektor der Berliner Universität (von Mai bis Oktober 1945)[10] wird er 1946 als Professor für Philosophie an die Universität Tübingen berufen, wo er bis zu seiner Emeritierung 1952 lehrt. Allerdings macht er noch bis 1958 gelegentlich von seinem Recht Gebrauch, Vorlesungen zu halten. Spranger ist von 1951 bis 1954 Vizepräsident der „Deutschen Forschungsgemeinschaft". Er verfasst nach 1945 mehrere unveröffentlichte Gutachten und Stellungnahmen zur Lehrerausbildung für verschiedene Bundesländer.

Spranger entwickelt auch in der Bundesrepublik noch eine rege publizistische Tätigkeit. Allerdings sind schon seit 1924 keine größeren Monographien Sprangers mehr erschienen; ebenso hat er seine pädagogischen und politischen Positionen seit dieser Zeit nur noch in Nuancen weiterentwickelt. Das gilt auch für seine kleineren Schriften und Beiträge nach 1945, wie „Grundstile der Erziehung" (1951)[11], „Der geborene Erzieher" (1958)[12] oder „Das Gesetz der ungewollten Nebenwirkungen in

---

[10] Die Differenzierung zwischen Deutschnationalen und überzeugten Nazis – trotz ihres Bündnisses – spielt eine zentrale Rolle für die „Wiederverwendung" von für Verwaltung, Politik und Universität benötigten Fachkräften nach 1945. Etwa im sowjetisch besetzten Berlin, als Spranger von den – gewiss dem NS-Regime gegenüber nicht freundlich eingestellten – politischen Beauftragten der Sowjetunion als kommissarischer Rektor der neu aufzubauenden Berliner Universität eingesetzt wurde.

Das spiegelt möglicherweise nicht so sehr eine Fehleinschätzung Sprangers wider, sondern vielmehr die Tatsache, dass kaum Akademiker zu finden waren, die in ihrer Biographie wenigstens einen geringen Abstand zum NS-Regime aufweisen konnten. Spranger selbst schreibt: „Die Kollegen waren (…) z. T. politisch stark belastet, mussten ausscheiden." (Spranger, Eduard: Ein Professorenleben im 20. Jahrhundert (1953), in: Spranger, Eduard: Gesammelte Schriften, Band X: Hochschule und Gesellschaft, herausgegeben von Walter Sachs, Tübingen / Heidelberg 1973, S. 356)

Auf den ersten Blick leuchtet es daher ein, dass Spranger sowohl durch sein Rücktrittsgesuch 1933 als auch durch die Tatsache seiner zehnwöchigen Inhaftierung durch die Gestapo 1944 gewissermaßen „etwas bessere Karten" hatte als die große Masse der Anhänger des NS-Regimes an den Universitäten.

[11] Spranger, Eduard: Grundstile der Erziehung (1951), in: Spranger, Eduard: Gesammelte Schriften, Band I: Geist der Erziehung, herausgegeben von Gottfried Bräuer und Andreas Flitner, Tübingen / Heidelberg 1969, S. 208–231.

[12] Spranger, Eduard: Der geborene Erzieher (1958), in: Spranger, Eduard: Gesammelte Schriften, Band I: Geist der Erziehung, herausgegeben von Gottfried Bräuer und Andreas Flitner, Tübingen / Heidelberg 1969, S. 280–338.

Einleitung

der Erziehung" (1962)[13]. Hauptthema Sprangers ist nach 1945 die Nationalerziehung, die Staatsbürgerkunde, letztendlich wieder Volk und Staat. Hervorzuheben ist noch, dass Spranger 1952 auf Einladung von Konrad Adenauer und Theodor Heuss eine Rede vor dem deutschen Bundestag hält.

Eduard Spranger stirbt am 17.9.1963 in Tübingen.[14]

2. Eingrenzung des Themas und Aufbau der Arbeit

Bei der Sichtung der umfangreichen Literatur über Eduard Spranger fällt auf, dass innere Zusammenhänge zwischen Sprangers rechtskonservativen erziehungswissenschaftlichen Grundansichten in der Weimarer Republik und später in der Bundesrepublik einerseits und seinen Adolf Hitler massiv unterstützenden politischen Stellungnahmen anderseits zwar angedeutet, jedoch nur selten überzeugend belegt werden.

Daher wird hier auch der Frage nachzugehen sein, inwiefern Spranger nach 1945 seine Kenntnis der inneren Verfasstheit der NS-Erziehungswissenschaft zur Aufklärung genutzt hat, oder ob er zur Verharmlosung der damaligen Situation im Allgemeinen und im erziehungswissenschaftlichen Bereich im Besonderen beigetragen hat.

Was die vorgenommene Auswahl der Schriften Sprangers anbelangt, so diente als Kriterium vor allem deren Wirkungsgeschichte, d.h. als die wichtigsten Grundschriften werden die am weitesten verbreiteten Schriften angesehen und

---

[13] Spranger, Eduard: Das Gesetz der ungewollten Nebenwirkungen in der Erziehung (1962), in: Spranger, Eduard: Gesammelte Schriften, Band I: Geist der Erziehung, herausgegeben von Gottfried Bräuer und Andreas Flitner, Tübingen / Heidelberg 1969, S. 348–405.

[14] Zu diesen und weiteren biographischen Angaben siehe:

Tenorth, Heinz-Elmar: Eduard Spranger, in: Schmoldt, Benno (Hrsg.): Pädagogen in Berlin. Auswahl von Biographien zwischen Aufklärung und Gegenwart (Materialien und Studien zur Geschichte der Berliner Schule, Band 9), Baltmannsweiler 1991, S. 195–214.

Löffelholz, Michael: Eduard Spranger (1882–1963), in: Scheuerl, Hans (Hrsg.): Klassiker der Pädagogik, Band 2: Von Karl Marx bis Jean Piaget, 2. überarbeitete und um ein Nachwort ergänzte Auflage, München 1991, S. 258–276.

Schüßler, Werner: Spranger, Eduard, in: Biographisch-bibliographisches Kirchenlexikon, Band X, Nordhausen 1995, Sp. 1061–1070.

Schäfer, K.-H.: Spranger, Eduard, in: Lexikon der Pädagogik, neue Ausgabe, Band 4, Freiburg / Basel / Wien 1971, S. 161–162.

Spranger, Eduard, in: Lexikon der Pädagogik, Band IV, Freiburg 1955, Sp. 440–441.

Spranger, Eduard, in: Lexikon der Pädagogik in 3 Bänden, Band III, Bern 1952, S. 436–437.

Spieler, F.: Spranger, Eduard, in: Lexikon der Pädagogik der Gegenwart, Band 2, Freiburg 1932, Sp. 1010–1012.

genutzt. Damit sind der Aussagekraft der Befunde Grenzen gesetzt und die Schlussfolgerungen aus der Materialanalyse können dementsprechend nur eine eingeschränkte Geltung beanspruchen. Diese Studie versteht sich daher – dem Wortsinn nach – nur als Beitrag zur Beantwortung der oben aufgeworfenen Fragen und nicht als Antwort selbst.

Die vorliegende Analyse gliedert sich in drei Hauptteile. Im ersten Teil wird, vor allem gestützt auf die zwei unstrittig als Hauptwerke Sprangers einzustufenden Monographien „Lebensformen" und „Psychologie des Jugendalters", die theoretische Grundlegung der Erziehungswissenschaft Sprangers dargelegt und hinterfragt. Dabei wird ein besonderes Augenmerk auf seinen Begriff der „inneren Freiheit" als Ausdruck einer Unterordnung unter „überindividuelle Moral" und Gott gelegt. Im zweiten Teil wird Sprangers deutschnationale Staatspädagogik und seine Haltung vor allem zur „sittlichen Idee" des Deutschtums, des Militärs und des Krieges beleuchtet. Der dritte Teil behandelt Sprangers politische Positionen, vor allem seine unterstützende Haltung gegenüber dem NS-Regime und seinen Umgang damit nach 1945.

Der Titel dieser Studie verwendet eine Passage aus Sprangers Schrift „Der geborene Erzieher". Die Formulierung vom „pädagogische(n) Stoß ins Herz"[15] erscheint Spranger auch 1958 nicht anstößig oder problematisch. In der Tat hat er damit in bemerkenswerter Weise unfreiwillig Kernpunkte seiner theoretischen, staatspädagogischen und politischen Ansichten zusammenfassend formuliert: Die Hinwendung zum „Innern" des Menschen sowie die staatspädagogische Intension, Gehorsam nicht nur durch Äußerlichkeiten zu produzieren, sondern jedem Deutschen den „Preuß' in die Brust" zu setzen. Und nicht zuletzt die politische Wahrheit, dass die Realität des NS-Systems – als Metapher verstanden – diesen pädagogischen Stoß ins Herz zur Zerstörung jeder Menschlichkeit benötigte und der zur millionenfachen Beteiligung männlicher junger Deutscher an bestialischen Verbrechen und zu gleichgültigem Danebenstehen führte. Diese letzte, gewalttätige Seite der Metapher vom „pädagogischen Stoß ins Herz" richtet sich gegen wirklich kritisches, eigenständiges Denken und echte Humanität. Sie ist im Grunde eine dreistufige Kampfansage an die Ideen der Aufklärung und der Kritischen Pädagogik, die „vom Kind aus", von den Menschen her ihre Berechtigung ableiten.

Der innere Zusammenhang dieser drei Themenbereiche im Hinblick auf das Leben und das Werk Eduard Sprangers ist der Grund, warum zugunsten dieser thematischen Gliederung auf einen engen chronologischen Aufbau verzichtet wurde. Aus der metaphysischen Grundlegung der Theorie Sprangers lässt sich seine

---

[15] Spranger, Eduard: Der geborene Erzieher (1958), in: Spranger, Eduard: Gesammelte Schriften, Band I: Geist der Erziehung, herausgegeben von Gottfried Bräuer und Andreas Flitner, Tübingen / Heidelberg 1969, S. 301.

Einleitung

Staatspädagogik ableiten. Die Wurzeln seiner Begrüßung und Unterstützung des NS-Systems wiederum finden sich in jener Staatspädagogik. Aber diese Ableitungen ergeben sich nicht zwangsläufig aus der Biographie Sprangers. So hätte er aus seiner religiösen Grundhaltung heraus das Hauptaugenmerk seiner Pädagogik nicht zwingend auf eine staatspolitische Erziehung zum „Sterben für Deutschland" legen müssen. Und aus seiner deutschnational geprägten Staatspädagogik ergibt sich nicht zwangsläufig die Unterstützung des NS-Regimes, wie andere rechtskonservative Erziehungswissenschaftler wie Theodor Litt biographisch bewiesen haben.[16]

Spranger ist den Weg von seiner Metaphysik zur Staatspädagogik und dann zur Unterstützung des NS-Systems nicht gegangen, weil die Logik seiner Theorie ihn dazu gezwungen hätte. Er ist diesen Weg vielmehr aufgrund eigener biographischer Erfahrungen und politischer Überzeugungen gegangen. Daraus folgt methodisch, dass jeder Schritt einzeln behandelt und kritisiert werden muss, dass also aus der berechtigten Verurteilung von Sprangers Unterstützung des NS-Regimes nicht automatisch die Widerlegung seiner Metaphysik resultiert.

In diese Studie wird auf eine schulpolitische Einordnung Eduard Sprangers verzichtet; das hat Gerhard Meyer-Willner mit seinem Buch „Eduard Spranger und die Lehrerbildung. Die notwendige Revision eines Mythos"[17] geleistet. Meyer-Willner weist darin überzeugend nach, dass Spranger nicht der Verfechter einer universitären Ausbildung aller Lehrer war, als der er im Allgemeinen gilt, sondern im Gegenteil zeitlebens ein entschiedener Gegner der akademischen Ausbildung vor allem der Volksschullehrer gewesen ist.

Im folgenden Text wird sehr ausführlich Spranger im Original zitiert, auch wenn dadurch gelegentlich die Flüssigkeit der Darstellung leidet. Jedoch hat das vorgestellte Material im Gesamtkontext der Untersuchung den ihm gebührenden Stellenwert, wenn es darum geht, Sprangers These von den „zwei oder drei Schönheitsflecken"

---

[16] Siehe dazu den Abschnitt „Theodor Litts Kritik der nationalsozialistischen ‚Weltanschauung' ", in: Lingelbach, Karl Christoph: Erziehung und Erziehungstheorien im nationalsozialistischen Deutschland. Ursprünge und Wandlungen der 1933–1945 in Deutschland vorherrschenden erziehungstheoretischen Strömungen, ihre politischen Funktionen und ihr Verhältnis zur außerschulischen Erziehungspraxis des „Dritten Reiches". Überarbeitete Zweitausgabe mit drei neuen Studien und einem Diskussionsbericht (Sozialhistorische Studien zur Reformpädagogik und Erwachsenenbildung, Band 6), Frankfurt am Main 1987, S. 221–246.
Siehe auch den Abschnitt „Konservative Theorie führt nicht zwangsläufig zur Loyalität gegenüber dem NS-Staat – Das Beispiel Theodor Litt", in: Ortmeyer, Benjamin: Mythos und Pathos statt Logos und Ethos. Zu den Publikationen führender Erziehungswissenschaftler in der NS-Zeit: Eduard Spranger, Herman Nohl, Erich Weniger und Peter Petersen, Weinheim / Basel 2009, S. 163–166.

[17] Meyer-Willner, Gerhard: Eduard Spranger und die Lehrerbildung. Die notwendige Revision eines Mythos, Bad Heilbrunn 1986.

(Spranger de se ipso 1953)[18], die es im Hinblick auf das NS-System lediglich gegeben habe, beweiskräftig hinterfragen zu können.

3. Schwierigkeiten der Annäherung an Eduard Spranger

Schwierigkeiten beim Studium der Werke und Schriften Eduard Sprangers ergeben sich vor allem auf folgenden Gebieten:

Die Sprache des Wissenschaftlers Spranger verzichtet nicht auf metaphysisch geprägte religiöse Begriffe, sondern favorisiert im Gegenteil solche Begriffe gerade dann als vorgebliche Lösungen, wenn Probleme eigentlich überzeugend und logisch stringent aufgeworfen werden müssten. An diesen Stellen entzieht sich die Sprache Sprangers dem Zugriff von Argumenten. „Der letzte Grund" ist im Zweifelsfall im Außernatürlichen, im Metaphysischen zu suchen, wobei Spranger dieses Metaphysische nicht allein bei Gott belässt, sondern sowohl in der Volksseele und der Volksmoral als auch im „tiefen Inneren" jedes Menschen diagnostiziert.[19]

Die Wiederholung grundlegender Gedanken Sprangers, gerade im Hinblick auf diese metaphysisch verstandene Grundüberzeugung, aber auch im Hinblick auf äußerst allgemein gehaltene Darlegungen trivialer Sachverhalte der Erziehung, zieht sich durch seine Schriften seit der Kaiserzeit bis hin zu seinen letzten Reden und Schriften in der Bundesrepublik. Nur selten entsteht bei der Lektüre von Sprangers Schriften eine gewisse Spannung; direkte Kritik an anderen Erziehungswissenschaftlern und insbesondere an der von ihm ab und an angegriffenen Reformpädagogik wie auch am Rationalismus Herbarts erfolgt nicht analytisch und textbezogen, sondern pauschal und mit einer vergröbernden und verabsolutierenden Darstellung des Kritikgegenstands.

Weiter liebt Spranger ausführliche Hinweise auf Größen der griechischen und deutschen Geistesgeschichte. Dabei ist es eine gewisse Besonderheit seiner Methode, dass er vorwiegend nicht mit einzelnen Gedanken der von ihm favorisierten Denker

---

[18] Spranger, Eduard: Die Universität Berlin nach Kriegsende 1945 (1945/1953), in: Spranger, Eduard: Gesammelte Schriften, Band X: Hochschule und Gesellschaft, herausgegeben von Walter Sachs, Tübingen / Heidelberg 1973, S. 292.

[19] Nur eines von vielen möglichen Beispielen dafür ist: „Diejenigen haben nicht Unrecht, die das Erwachen des Inneren für ein so großes Geheimnis halten, dass man es nur der Gnade zuschreiben kann. Wenn aber Wachheit das Ziel ist, vor allem ein waches Gewissen, das sich vor höheren Mächten gebunden weiß, so wird man das erzieherische Bestreben, das hierauf gerichtet ist, als ein Erwecken bezeichnen dürfen. Der Anklang an den religiösen Begriff ‚Erweckung' ist beabsichtigt. Bis zu dieser Tiefe sind nur wenige vorgedrungen. (...) Ein solches Werk der Aktivierung (kann) nur im Medium einer Liebe geschehen, die höher ist als diese Welt." (Spranger, Eduard: Macht und Grenzen des Einflusses der Erziehung auf die Zukunft (1950), in: Spranger, Eduard: Gesammelte Schriften, Band I: Geist der Erziehung, herausgegeben von Gottfried Bräuer und Andreas Flitner, Tübingen / Heidelberg 1969, S. 200 f.)

der griechischen Philosophie (Platon, Aristoteles) und des deutschen Idealismus (Kant, Fichte, Hegel) sowie der Ahnenreihe deutscher Dichter (Goethe, Schiller) und Pädagogen (Pestalozzi, Humboldt) operiert, sondern im Grunde stets eine bestimmte Gesamtinterpretation voraussetzt. Diese Gesamtinterpretation im Hinblick auf innere Widersprüche kritisch zu hinterfragen, insbesondere dort, wo er – wie etwa bei Bezügen auf Nietzsche[20] – doch in verschiedenen Perioden sehr unterschiedliche Akzente setzt, ist einer eigenen geschichtsphilosophischen Abhandlung vorbehalten. Da solche Bezüge jedoch oft zur Absicherung seiner erziehungswissenschaftlichen Ansichten verwendet werden, führt Spranger mögliche Kritiker unweigerlich auf das Gebiet einer grundlegenden philosophischen Einschätzung. Dort, wo er zeitgenössische Wissenschaftler – damals von Bedeutung, heute oft unbekannt – und ihre Werke anführt, fällt es der Sache nach noch schwerer, die Bedeutung, Berechtigung oder eventuelle Fehlerhaftigkeit solcher Bezüge festzustellen.

Neben der bereits erwähnten Schwierigkeit einer gewissen Penetranz bei der Wiederholung seiner Grundthesen tritt weiteres als Merkmal seiner Schriften hervor, dass Spranger selbst, von Einzelheiten abgesehen, keinerlei selbstkritischen Rückblick auf das eigene Werk andeutet, selbst nach 1945 nicht – von den in seine Schriften enthaltenen politischen Einschätzungen ganz zu schweigen. Die Frage nach Kontinuität und Diskontinuität seiner Arbeiten und seiner politischen Haltung wird außerdem zusätzlich durch die Art und Weise der Zusammenstellung seiner „Gesammelten Schriften" durch seinen Schüler, Freund und Mitstreiter Hans Wenke[21] und andere erschwert.

Damit ist man bei Problemen der Quellenlage angelangt. Zunächst sind die beiden unbestrittenen Hauptschriften Eduard Sprangers, „Lebensformen"[22] und „Psychologie des Jugendalters"[23], in den „Gesammelten Schriften" nicht enthalten. Aber dieses

---

[20] Während sich vor 1945 noch viele Stellen anführen lassen, an denen Spranger positiv auf Nietzsche Bezug nimmt (z.B. in: Spranger, Eduard: Lebensformen. Geisteswissenschaftliche Psychologie und Ethik der Persönlichkeit (1921), unveränderter Nachdruck der 5., vielfach verbesserten Auflage, Tübingen 1950, S. 239 bzw. S. 376), spricht er 1946 von den „Irrlichtern der Philosophie Nietzsches" (Spranger, Eduard: Verstrickung und Ausweg. Ein Wort über die Jugend (1946), in: Spranger, Eduard: Gesammelte Schriften, Band VIII: Staat, Recht und Politik, herausgegeben von Hermann Josef Meyer, Tübingen / Heidelberg 1970, S. 272).

[21] Zur Rolle Wenkes während der NS-Zeit siehe: Horn, Klaus-Peter: Pädagogische Zeitschriften im Nationalsozialismus. Selbstbehauptung, Anpassung, Funktionalisierung (Bibliothek für Bildungsforschung, Band 3), Weinheim 1996, S. 296 ff. und Helling, Fritz: Eduard Sprangers Weg zu Hitler, in: Schule und Nation. Zeitschrift für ein demokratisches Bildungswesen, 13. Jg. (1966), Heft 2, S. 4.

[22] Spranger, Eduard: Lebensformen. Geisteswissenschaftliche Psychologie und Ethik der Persönlichkeit (1921), unveränderter Nachdruck der 5., vielfach verbesserten Auflage, Tübingen 1950.

[23] Spranger, Eduard: Psychologie des Jugendalters (1924), 23. Auflage, Heidelberg 1953.

3. Schwierigkeiten der Annäherung an Eduard Spranger

Problem ist zweitrangig. Viel schwerer wiegt, dass der seit Ende der 1980er Jahre entbrannte Streit über Sprangers Rolle in der NS-Zeit anhand der „Gesammelten Schriften" nicht nachvollziehbar ist, weil u. a. seine zentralen Beiträge aus dieser Zeit, die Artikel „März 1933"[24] und „Die Epochen der politischen Erziehung in Deutschland"[25], nicht enthalten sind.[26] Letztlich kann man sich des Eindrucks nicht erwehren, dass es den Herausgebern der „Gesammelten Schriften" darum ging, „zwei oder drei Schönheitsflecken" in Sprangers Schriften auszusparen und so sein Bild in der Öffentlichkeit zu schönen.[27]

---

[24] Spranger, Eduard: März 1933, in: Die Erziehung. Monatsschrift für den Zusammenhang von Kultur und Erziehung in Wissenschaft und Leben, 8. Jg. (1933), S. 402–408.

[25] Spranger, Eduard: Die Epochen der politischen Erziehung in Deutschland, in: Die Erziehung. Monatsschrift für den Zusammenhang von Kultur und Erziehung in Wissenschaft und Leben, 13. Jg. (1938), S. 137–164.

[26] Inzwischen wurden sämtliche Beiträge Sprangers aus der NS-Zeit als ein Ergebnis des Forschungsprojekts „ad fontes" veröffentlicht: Ortmeyer, Benjamin (Hrsg.): Eduard Sprangers Schriften und Artikel in der NS-Zeit. Dokumente 1933–1945 (Dokumentation ad fontes, Band I), Frankfurt am Main 2008.

[27] Michael Löffelholz kritisierte bereits 1981 die Gesamttendenz der „Gesammelten Schriften", das Werk Sprangers „historisch zu neutralisieren". Damit werde erschwert, die gegenläufigen Züge im Werk Sprangers unverfälscht mitzudenken. Löffelholz zählt dazu Sprangers „militante Züge" und „eine antidemokratische Geisteshaltung im Zeitraum seiner Hauptwirksamkeit" in der Weimarer Republik (Löffelholz, Michael: Das bedeutsame Vermächtnis Eduard Sprangers. Anmerkungen zur Edition seiner „Gesammelten Schriften", in: Zeitschrift für Pädagogik, 27. Jg. (1981), Heft 1, S. 72 f.).

I. Sprangers theoretische Grundlegung der Erziehungswissenschaft

1. Metaphysik und Typenlehre in den „Lebensformen" (1921)

Die Schrift „Lebensformen"[28] erschien zunächst 1914 mit einem Umfang von etwa einhundert Seiten. Diese erste Auflage ist rückblickend als Entwurf angesehen. Ihre volle Bedeutung erlangte die Schrift erst mit und nach ihrer zweiten Auflage 1921, die einen Umfang von etwa vierhundert Seiten hat. Spranger gibt an:

„Die Hauptabsicht meines Buches könnte ich dahin aussprechen, dass ich mir die Aufgabe gestellt habe, geistige Erscheinungen strukturell richtig sehen zu lernen." (S. 391)

Im ersten Abschnitt (S. 1–100) behandelt Spranger philosophisch die Frage der Annäherung an den von ihm objektiv genannten überindividuellem Geist und unterscheidet den Akt des Geistes in individueller und gesellschaftlicher (kultureller) Hinsicht vom „objektiven Geist an sich". Die Grundformen dieses so genannten „objektiven Geistes" behandelt Spranger in diesem Abschnitt noch in der allgemeinen Form von sechs Ausrichtungen. Damit wird die Typisierung des individuellen Geistes, der individuellen Lebensformen im zweiten Abschnitt (S. 101–240) vorbereitet. In diesem Überblick über die bisherigen Theorien der Erkenntnis, der Ökonomie, der Ästhetik, der politischen Macht, des Sozial-Liebenden und schließlich des Religiösen wird eine Fülle an geisteswissenschaftlichem Material bereitgestellt, um dann im dritten Abschnitt (S. 241–306) mit der Tendenz zur Wiederholung dieses Material auf den einzelnen Menschen idealtypisch anzuwenden.

In den sechs Unterpunkten dieses dritten Abschnitts geht Spranger wie folgt vor: Zunächst wird der reine Typus des „Theoretikers", des „Ästhetikers", des „ökonomischen Praktikers", des „sozial eingestellten Liebenden", des „Machtmenschen" sowie des „religiösen Menschen" vorgestellt. Sodann „kombiniert" Spranger jeweils einen Grundtypus der Lebensformen mit einem der fünf anderen. Er will darauf hinaus, dass diese typischen Lebensformen alle für sich allein unselig seien und nur in der Kombination mit anderen eine ernsthafte Wirkung entfalten können, die dann auch ethisch beurteilt werden könne. Leitfaden ist dabei für ihn die Metapher vom Würfel, der eine Seite (eine Lebensform) oben hat, eine unten, aber nur insgesamt in der Totalität als Würfel existiert.[29]

---

[28] Spranger, Eduard: Lebensformen. Geisteswissenschaftliche Psychologie und Ethik der Persönlichkeit (1921), unveränderter Nachdruck der 5., vielfach verbesserten Auflage, Tübingen 1950. Alle in diesem Abschnitt angegebenen Seitenzahlen ohne weitere Quellenangabe beziehen sich auf diese Ausgabe.

[29] Vgl. etwa ebenda, S. 98.

1. Metaphysik und Typenlehre in den „Lebensformen" (1921)

Im vierten und letzten Abschnitt (S. 307–390) greift Spranger Fragen der Erkenntnistheorie aus dem ersten Abschnitt noch einmal auf und entwickelt seine Auffassung des „Verstehens" unter der Aufgabenstellung, den Einzelnen, historische Epochen, die Totalität, das Ganze und die „ewigen Grundwerte" aus diesem Material heraus jeweils richtig einordnen zu können.

Beim Studium dieses umfassenden Werks begegnet einem eine Fülle von Gedanken aus der griechischen und deutschen Dichtung und Philosophie in Kurzform. Der Kontext und die Einordnung, die Spranger vornimmt, führen zunächst auf das Gebiet der antiken Philosophie, der Einschätzung der Ideen Platons und Aristoteles' (von dem der Begriff „Lebensform" stammt) und ihrer Vorstellung vom Wahren, Schönen, Guten sowie ihren ethischen Theorien. Von Bedeutung für die Beurteilung der Ansichten Sprangers ist auch seine Einschätzung der von Kant vertretenen Grundpositionen zur Kritik der reinen und praktischen Vernunft sowie dessen Auffassungen von Religiosität, überzeitlicher Sittlichkeit und Pflicht im Kontrast zur Betonung der Glückseligkeit in der antiken Philosophie. Zudem erfordert eine Analyse des Werks Sprangers die Kenntnis der theoretischen Überlegungen von Goethe und Schiller und einer Fülle auch zeitgenössischer Schriftsteller – so etwa bei Sprangers im Grundtenor positive Bewertung von Oswald Spenglers Werk „Der Untergang des Abendlandes"[30]. Im Folgenden soll die Fülle dieser einzelnen eingestreuten Beurteilungen Sprangers nicht Gegenstand der Überlegungen sein, sondern vielmehr gilt es – mit Blick auf seine weiteren erziehungswissenschaftlichen Werke und auch auf seine politischen Grundoptionen –, im Kontext der gesamten Schrift gezielt Positionen herauszuarbeiten und kritisierbar zu machen.

Die philosophische Grundlegung im ersten Teil der „Lebensformen" bietet zunächst den Apparat von Begriffen und Kategorien, auf die Spranger sich im weiteren Verlauf seiner Arbeit stützt. Die Ähnlichkeit philosophischer Begriffe in der Geschichte der Philosophie mit doch gravierend unterschiedlichen Bedeutungen bei einzelnen Autoren rechtfertigt methodisch durchaus diesen Vorlauf. Für Spranger gibt es „Werte" a priori (S. 4), das heißt diese Werte sind nicht aus der Geschichte der Menschheit entstanden und entwickelt, sondern existierten „ewig", außerhalb

---

[30] Spengler, Oswald: Der Untergang des Abendlandes. Umrisse einer Morphologie der Weltgeschichte, München 1998.
Oswald Spengler (1880–1936) war Protagonist einer pessimistischen Kultur- und Geschichtsphilosophie. Er behandelte Kulturen wie Organismen, die gesetzmäßig einen Zyklus von Reife, Blüte und Verfall durchlaufen und warnte vor dem „Untergang des Abendlandes". Seine Schriften fanden insbesondere bei den akademischen Eliten in Deutschland nach dem verlorenen Ersten Weltkrieg großen Anklang.
Siehe dazu auch: Englert, Ludwig: Eduard Spranger und Oswald Spengler, in: Koktanek, Anton Mirko / Schröter, Manfred (Hrsg.): Spengler-Studien. Festgabe für Manfred Schröter zum 85. Geburtstag, München 1965, S. 33–58.

I. Sprangers theoretische Grundlegung der Erziehungswissenschaft

der menschlichen Realität, von vornherein. Diese außerhalb der physischen Welt stehenden „metaphysischen Werte" orientiert Spranger philosophisch an Hegels „absolutem Geist" und religiös an Gott und den von ihm geschaffenen „Urformen des Lebens".

Die „Normen" des menschlichen Lebens, genauer für das menschliche Leben, reichen auch über den „überindividuellen", sprich kollektiven Geist, die Volks- oder Menschheitsmoral hinaus, existieren als „objektiver Geist" unabhängig und außerhalb der Menschheit. Der Mensch kann laut Spranger – solange er sich nur einseitig in Einzelheiten vertieft – von göttlicher Totalität im Grunde nichts spüren. Nur im Erlebnis, im Erfassen des „Totalsinns" des Lebens, werde diese Urtatsache des Lebens (Gott) spürbar. Dabei spielt es keine Rolle, in welcher „Lebensform" sich der Mensch vorherrschend betätigt, wenn er nur „aufs Ganze" zugeht, ob als Theoretiker oder Künstler, vorwiegend religiöser oder sozial engagierter liebender Mensch. Ja selbst dem ökonomisch vorrangig am Beruf interessierten oder sittlich an der politischen Macht orientierten Menschen kann im Streben nach der Totalität des menschlichen Lebens dieser „objektive Geist" des Ganzen offenbart und erlebt werden. Diese Idee einer Struktur der Totalität, so Spranger, sei ihm „plötzlich aber" in „überraschender Einfachheit" (S. 28) gekommen. Das große Leitmotiv ist, ähnlich einer Kugel in ihrer Unendlichkeit: „Alles dem Gott!" (siehe vor allem S. 32 und S. 41).

Ausgehend von dieser Überlegung wendet sich Spranger auch gegen die These der antiken Philosophie, dass Kunst ein „Abbild" der Realität ist; das sei falsch. Vielmehr sei es so, dass in und durch die Kunst über das Unmittelbare hinaus bei wirklicher Kunst der „Totalsinn", das Göttliche, zu spüren und zu erleben sei (S. 63). Auch die Unterscheidung von Ursache und Wirkung sei nicht Realität, folgert Spranger in der Tradition des deutschen Idealismus, sondern Kausalität sei nur eine „gedankliche Bestimmung" (S. 69). Die Natur sei „ein Gedanke" (S. 79). Als „Erbsünde" der für ihn teilweise materialistisch orientierten Philosophie auch in der Antike sieht Spranger, dass sie die „Eigenart ihrer Instrumente" (also logische Operationen etwa) aus der „Beschaffenheit des Materials" (Logik der Dinge), über das philosophiert wird, ableitet – sei es die Natur oder die Menschheit (S. 79). Der Gehalt richtiger Theorien besteht laut Spranger im „atheoretischen" Kern, eben dem nicht Beweisbaren, in Gott, im absoluten Geist.

In der Abwehr eines für Spranger unberechtigten Vormarschs einer Mentalität der Beweisführung in den Naturwissenschaften, der ihm gegen den Wert der Religion gerichtet zu sein scheint, betont er, dass in der Geschichte der Religionen der Ansatz falsch gewesen sei, lediglich alles „unerklärliche" oder „noch nicht geklärte" mit religiösen Antworten zu versehen. Die Religion sei nicht für „die Lücken der Wissenschaft" (S. 94) zuständig, sondern für die erlebte Realität der Menschen in allen ihren Lebensformen. Dieses Erlebnis der Menschen vom göttlichen „objektiven Geist" sei zwar immer mit den überindividuellen moralischen und sittlichen

1. Metaphysik und Typenlehre in den „Lebensformen" (1921)

Normen einer Gesellschaft verbunden, sei aber nur im Innern des Einzelnen wirklich erfahrbar: „Im Grunde ruht doch alles nur in den Tiefen der mit sich selbst einsamen Seele." (S. 96)

Hier spielt das Gewissen des Einzelnen für Spranger eine herausragende Rolle, so dass sein Ansatz der geisteswissenschaftlichen Philosophie und Psychologie die Individualität in der Gesamtstruktur hervorhebt. Spranger geht davon aus, dass zum Verstehen des Individuums Kenntnisse der grundlegenden Lebensformen unerlässlich sind. Diese Grundtypen, zunächst isoliert und idealisiert, gibt es für Spranger wiederum beim einzelnen wirklichen Menschen nie in reiner Form, sondern sie realisieren sich in verschiedenen Kombinationen der Lebensformen. Die Kenntnis der Grundtypen helfe – letztlich nicht nur dem Psychologen, sondern auch dem Pädagogen –, einseitige Entwicklungen beim Einzelnen zu verstehen und aus der Gesamtstruktur und dem „Totalsinn" des Lebens heraus möglichst allseitig im Einzelnen zu „kultivieren" (S. 301), zu entfalten, „herauszulocken", das „Gewissen" zu erreichen und eben nicht von außen „einzupflanzen" (S. 296).

Auf diesem ersten Abschnitt aufbauend entwickelt Spranger nun im zweiten Abschnitt, wie einleitend erwähnt, die sechs Grundtypen, zunächst idealtypisch, dann in Kombination mit jedem der fünf anderen Typen.[31] Neben der Dichtung nutzt Spranger autobiographische Berichte und eigene Konstruktionen, um seine Gedanken zu erläutern. Empirisch zählt Spranger die Mehrzahl der Menschen zu den „ökonomischen Typen" (S. 188), äußert sich aber weiter nicht zu den von ihm vermuteten Anteilen der anderen Typen, außer dass er den „sozialen" und „ästhetischen" Typ mehr der Frau, den „theoretischen" und „politischen Typ" mehr dem Mann zuordnet. Hier wird deutlich, dass Sprangers „Beobachtungen" zwar als Beschreibungen der Realität empirisch zur ihrer Zeit sicherlich nachweisbar waren, als „ewige Urelemente der Lebensform" geschlechtsspezifisch genormt jedoch Rollen auf ewig festschreiben, die in Wirklichkeit historisch bedingt sind (vgl. S. 160).

Im dritten Abschnitt diskutiert Spranger, ob aus ethischer Sicht die Bevorzugung einer der sechs Lebensformen höher oder tiefer stehe, ob solch eine Hierarchie pauschal möglich sei. Nach der Einschränkung, dass innerhalb jeder Lebensform das höchste, sittliche und an Gott orientierte Leben möglich ist, favorisiert er dennoch das Religiöse am oberen Ende (S. 273) und das Ökonomische am unteren Ende der Skala (S. 270), während er bei den anderen vier Lebensformen keine Rangordnung zulässt. In seinen Ausführungen über das Sittliche und die Volksmoral wird deut-

---

[31] Nicht zu Unrecht, allerdings ohne Blick auf sich selbst, schreibt Spranger in der „Psychologie des Jugendalters": „Die vielen ‚hausgemachten Erkenntnistheorien' gerade der letzten 30 Jahre haben das allgemeine Denken wenig befruchtet. Sie sind eine Art von Selbstbefriedigung mit Begriffen." (Spranger, Eduard: Psychologie des Jugendalters (1924), 23. Auflage, Heidelberg 1953, S. 243)

I. Sprangers theoretische Grundlegung der Erziehungswissenschaft

lich, dass für Spranger zwar eine durchaus wichtige, aber doch eben nur eine „Durchschnittsmoral" (S. 264 f.) existiert, die erst nur durch das – vor allem im Konflikt entwickelte – Gewissen des Einzelnen zum höchsten sittlich-ethischen Empfinden, zur religiöser Ethik ausgeformt werden kann.

Spranger schließt das Buch, indem er nochmals betont, dass ein „Verstehen" – im hermeneutischen Sinne – nicht allein im sprachlichen und historischen Verstehen bestehen kann, sondern unter Hinzuziehung der dargelegten Lebensformen auch den Zustand und die Entwicklung der jeweiligen Lebensformen im Individuum reflektieren müsse (S. 354). Gegen Vorwürfe, dass sein Buch nur aus gedanklichen Konstruktionen bestehe, aber nicht empirisch gesichert sei, wehrt sich Spranger in seinem Nachwort nicht sehr überzeugend mit der Behauptung, dass „nichts (…) bloß spekulativ oder konstruiert ist; alles verdankt seine Einordnung der täglichen treuen Beobachtung des wirklichen Lebens" (S. 391).

Schon hier könnten in Bezug auf Sprangers Grundauffassungen bereits einzelne Passagen herausgegriffen werden, etwa die über die Frau (S. 160 und S. 177, über die Schönheit der Frau, die Mutterliebe und die Rolle Marias), seine Argumentation über die Berechtigung des Hasses gegen das „Hässliche" (S. 180), seine Bemerkungen über die Besonderheit des Liebesgeistes bei „gewissen Juden" (S. 178) und auch seine Überlegungen zu Autorität und Autonomie, die Freiheit zum Tod (S. 183), die Entwicklung des individuellen Geistes durch „Fremdgehorsam" (S. 197) sowie das Ideal des preußischen Beamten, des preußischen Offiziers und der Person Hindenburgs (S. 199).

Es erscheint jedoch sinnvoller, diese Passagen im Kontext der systematischeren Untersuchungen zu den einzelnen Themenkomplexen wieder aufzurufen, als sie bereits hier zum Gegenstand kritischer Überlegungen zu machen, da sie nicht zwingend den Grundgehalt der Theorien Sprangers über die „Lebensformen" betreffen.

Das gilt auch für Passagen, in denen Spranger direkt oder indirekt in zeitgenössische politische Auseinandersetzungen eingreift, wie etwa mit seinen Thesen, dass Demokraten selbst Diktatoren werden wollen (S. 202), dass es eine „Rangordnung der Völker" nach ihrer religiösen Werthöhe gebe (S. 291) oder Bemerkungen, die später von größerer Bedeutung sein werden, wie etwa seine Einschätzung Nietzsches, dass dieser zu höherem Menschentum strebe (S. 239 und S. 376) oder die Grundthese „Der Geist lässt sich nicht gebieten" (S. 228). Diese Grundthese bemühte Spranger später auch in der NS-Zeit, zumindest gegen staatliche Übergriffe in sein akademisches Leben.

Zum Kontext dieser Schrift, auf den hier nur kurz verwiesen werden kann, gehört auch Sprangers Nähe zu Oswald Spenglers Buch „Der Untergang des Abendlandes", über das man sich laut Spranger „weniger ereifern" sollte (S. 344). Sprangers Thesen

1. Metaphysik und Typenlehre in den „Lebensformen" (1921)

gipfeln im Schlusssatz seines Werks in der Charakterisierung des „deutschen Wesens" und seiner Zukunft:

> *„Die deutsche Seele ist es, die die Höllenfahrt der Verzweiflung am tiefsten erfahren hat. In ihr allein kann daher der Sieg dieses ‚Dennoch' den höchsten Grad der Echtheit erreichen."* (S. 390)

Das Emporheben der „deutschen Seele" gegen den Untergang des Abendlandes war tatsächlich ein großes Anliegen Sprangers in diesem Buch. Über Sprangers eigenen (positiven und negativen) Anteil an den Ergebnissen dieser Anstrengungen in den folgenden Jahrzehnten wird noch zu streiten sein.

Da die Metaphysik ein zentrales Moment im Denken Sprangers bildet, das er bewusst der wissenschaftlichen, auf die Realität bezogenen Methode entgegensetzt, lassen sich auch außerhalb der „Lebensformen" entsprechende Textstellen finden. Im Folgenden seien daher kurz einige Zitate aus anderen Beiträgen Sprangers vorgestellt, die den zentralen Charakter der Metaphysik im Denken Sprangers belegen. Prägnant verdeutlicht das etwa folgende Passage:

> *„Besonders der junge Lehrer findet in sich einen pädagogischen Enthusiasmus, der ihm selbst als geheimnisvolles Rätsel erscheint, weil er an diesem Punkte sich mit den Tiefen des Weltzusammenhanges verflochten fühlt. Ihn erfüllt eine Liebe und ein Gestaltungstrieb, wie sie der göttliche Plato in ewig strahlenden Farben gemalt hat, und zugleich erlebt er die große Tragik, die aus dem Zwiespalt zwischen dem Gewollten und dem Erreichbaren entspringt. Ein solches Erlebnis ist unmittelbar religiöser Natur: es glüht in ihm etwas von dem evangelischen Glauben an das Gute und Göttliche in der Welt und der Menschheit, und etwas von dem Abhängigkeitsgefühl, das jedes Gelingen als Werk der Gnade und den täglichen Beruf als eigentlichen Gottesdienst erscheinen lässt."* [32]

Der Mensch als „heiliges Wunder" ist für Spranger nicht mit den Methoden der experimentellen Psychologie messbar.[33] Auch gibt es für ihn: „ohne den Glauben an ein Klassisches (...) keine Erziehung".[34] Von grundlegender Wichtigkeit ist für

---

[32] Spranger, Eduard: Grundfragen der philosophischen Pädagogik (1907), in: Spranger, Eduard: Gesammelte Schriften, Band II: Philosophische Pädagogik, herausgegeben von Otto Friedrich Bollnow und Gottfried Bräuer, Tübingen / Heidelberg 1973, S. 208.

[33] Spranger, Eduard: Der gegenwärtige Stand der Geisteswissenschaft und die Schule (1922/1925), in: Spranger, Eduard: Gesammelte Schriften, Band I: Geist der Erziehung, herausgegeben von Gottfried Bräuer und Andreas Flitner, Tübingen / Heidelberg 1969, S. 21.

[34] Spranger, Eduard: Die Generationen und die Bedeutung des Klassischen in der Erziehung (1924), in: Spranger, Eduard: Gesammelte Schriften, Band I: Geist der Erziehung, herausgegeben von Gottfried Bräuer und Andreas Flitner, Tübingen / Heidelberg 1969, S. 89.

Spranger auch eine „gereinigte Innerlichkeit": „Haltet vor allem eure Seele rein!".[35] Dennoch ist für Spranger der Mensch „der Erbsünde verfallen. Das Schuldigsein sitzt also im Kern seines Wesens".[36] An anderer Stelle (1936) heißt es:

> „Die Ethik der Bergpredigt aber wendet sich nur an das Innerste der Gesinnung. (...) Das ist der Unterschied sogar gegenüber den überlieferten jüdischen Geboten. Jesus will zeigen, dass sie fast sämtlich schon zu äußerlich sind. (...) Die ganze christliche Sittlichkeit lässt sich daher in dem Satz zusammendrängen: ‚Selig sind die, die reinen Herzens sind'."[37]

Und auf die Schüler bezogen:

> „Wie alles Geistige, wurzelt der Wille zur Bildung in der Berührung mit dem Göttlichen, die im Gewissen erfahren wird und als Gesinnung weiterzeugt."[38]

2. Zur „Psychologie des Jugendalters" (1924)

In dem Werk, das Eduard Spranger berühmt gemacht hat und von dem seit seiner Entstehung 1924 über hunderttausend Exemplaren gedruckt wurden, der „Psychologie des Jugendalters"[39], bemüht er sich, Grundaussagen der „Lebensformen" zusammenzufassen, allgemeinverständlicher zu formulieren und im Rahmen der von ihm gewählten Begrifflichkeiten die Probleme des Jugendalters in ihrer Totalität psychologisch darzustellen. Spranger hat sich vor allem die männliche und gebildete Generation deutscher Jugendlicher im Zeitraum von hundertfünfzig Jahren als Gegenstand einer „Psychologie des Jugendalters" vorgenommen (S. 25).[40]

---

[35] Spranger, Eduard: Der geborene Erzieher (1958), in: Spranger, Eduard: Gesammelte Schriften, Band I: Geist der Erziehung, herausgegeben von Gottfried Bräuer und Andreas Flitner, Tübingen / Heidelberg 1969, S. 311.

[36] Ebenda, S. 326.

[37] Spranger, Eduard: Volksmoral und persönliche Sittlichkeit (1936), in: Spranger, Eduard: Gesammelte Schriften, Band V: Kulturphilosophie und Kulturkritik, herausgegeben von Hans Wenke, Tübingen / Heidelberg 1969, S. 263.

[38] Spranger, Eduard: Des deutsche Bildungsideal der Gegenwart in geschichtsphilosophischer Beleuchtung (1926), in: Spranger, Eduard: Gesammelte Schriften, Band V: Kulturphilosophie und Kulturkritik, herausgegeben von Hans Wenke, Tübingen / Heidelberg 1969, S. 105.

[39] Spranger, Eduard: Psychologie des Jugendalters (1924), 23. Auflage, Heidelberg 1953. Alle in diesem Abschnitt angegebenen Seitenzahlen ohne weitere Quellenangabe beziehen sich auf diese Ausgabe.

[40] An anderer Stelle heißt es: „Gern hätte ich, wie es einem Lieblingsgebiet meiner pädagogischen Tätigkeit seit ihren Anfängen entspricht, ausführlicher vom weiblichen Jugendlichen gesprochen. Aber eine Scheu hielt mich zurück, von Lebenserscheinungen eingehend zu reden, die ich nun

2. Zur „Psychologie des Jugendalters" (1924)

Er versteht seine Schrift als eine „psychologische Gesamtcharakteristik des Jugendalters":

> „Wir aber scheiden das Moralische und Pädagogische nach Möglichkeit aus, um als eine von ‚Geistnatur' erzeugte eigentümliche Formbildung dieses Phänomens selber zu studieren: den jungen Menschen in der Werdezeit der geprägten Form, die er als reifer Mensch besitzen wird." (S. 27)

Spranger nimmt für sich in Anspruch, seiner Darstellung „eine über den engsten historischen Moment hinausgehende Bedeutung" gegeben zu haben (Nachwort 1948, S. 323).

Die sechs „Lebensformen" hat er „der Jugend" entsprechend etwas anders, mehr sich überschneidend geordnet und angepasst. Spranger beginnt seine Darstellung der jugendlichen – von ihm vor allem als unfertig eingestuften – „Lebensformen" mit einer Schilderung der als „ästhetisch" bezeichneten Lebensform in ihrer erotischen und sexuellen Ausformung bei der Jugend. Bei ihr spielt, so Spranger, dabei die soziale Komponente, das Hineinwachsen in die Gesellschaft und die individuelle sittliche Entwicklung, aber auch die Herausbildung eines Rechtsbewusstseins im Kontext („soziale Lebensformen") eine wesentliche und strukturell unverzichtbare Rolle. Seine Behauptung einer unfertigen politischen Lebensform versucht Spranger durch Erscheinungen aus der Jugendbewegung zu belegen. Die drei weiteren Lebensformen – ökonomische, theoretische und religiöse – verfolgt Spranger anhand der zeitgenössischen Fachliteratur über den Einstieg in das Berufsleben mit all seinen Problemen und den Schwierigkeiten der theoretischen und, wie Spranger formuliert, „weltanschaulichen" Formung. Ein Schwergewicht wird von ihm auf die religiöse Lebensform als wichtigstem und unverzichtbarem Element gelegt. Für Sprangers gibt es keinen Zweifel an der Berechtigung religiöser Erziehung von Kindern, denn für ihn steht fest: „Es darf als sicher angenommen werden, dass religiöses Leben in das Kind nicht nur hineingelegt wird, sondern dass es auch aus spontanen Trieben hervorwächst." (S. 259)

Abschließend betont Spranger, ohne Aufgabe seines Standpunkts, dass alle sechs Lebensformen für ihn „Urtatsachen des Lebens" sind, dass sich eben auch bei Jugendlichen in unfertiger Gestalt schon „Typen des jugendlichen Lebensgefühls" identifizieren lassen, da erkennbar wird, in welcher Lebensform der Jugendlichen seinen – unfertigen – Schwerpunkt sieht, ohne dass es schon endgültig zu einer Festlegung gekommen sein müsste.

Dieser umfangreiche Text Sprangers ist zugleich eine Auseinandersetzung mit und teilweise auch eine Polemik gegen anderen Zweigen der Psychologie der da-

---

einmal nicht aus ihrer Erlebnismitte heraus original in meinem geistigen Organ entfalten kann. Dieses Bild zu zeichnen, muss einer weiblichen Hand vorbehalten bleiben." (S. X)

I. Sprangers theoretische Grundlegung der Erziehungswissenschaft

maligen Zeit. Spranger geht von einem Begriff des „Verstehens" aus, der seinen letzten Grund in der Metaphysik, im religiösen Erleben, in Gott hat. Daher ist er davon überzeugt, dass es gerade in der Psychologie „eben auf den Sinn fürs Ganze" (S. VIII) ankommt, da in allen Lebensformen dieser religiöse Funke existiere und nur zusammenhängend „im Erleben" verstanden werden könne. Damit grenzt sich Spranger von ihm suspekten erscheinenden empiristischen Detailstudien psychologischer Art ab, da für ihn ohne „das Ganze" ein Verstehen nicht möglich ist. Während er damalige empirisch-psychologische Befragungen über Teilaspekte an einigen Stellen zitiert und hinterfragt (und dabei Unseriöses bloßlegt),[41] bleibt dennoch die Frage, mit welchen Beweisen und Belegen Spranger seine Annahmen zum Seelenleben des Jugendalters absichert. Hier überwiegt literarisches und biographisches Material sowie hier und da im Hinblick auf einzelne Aspekte empirisches Material (etwa im Teil über das Rechtsbewusstsein und im Teil über den Beruf).

a) Spranger zu Sigmund Freuds Theorie der Psychoanalyse

Ein Grund für den Erfolg von Sprangers Werk ist sicher, dass er der Frage der Sexualität und der Erotik angesichts des Aufkommens der Psychoanalyse und der Theorien Sigmund Freuds nicht ausweicht.[42] Dabei fällt auf, dass er Freuds These vom „Unbewussten" wenigstens teilweise akzeptiert, dass er den Ansatz begrüßt, Unbewusstes, noch nicht Bewusstes, bewusst zu machen (S. 11). Dennoch steht bei Spranger das religiöse Erleben, das herausgeschält werden müsse, im Gegensatz zu den Grundauffassungen Freuds. Spranger versteht sich als Bollwerk gegen die Überbetonung des Sexuellen und gegen den „moralischen Verfall". Insofern ist seine teilweise Zustimmung, dass sexuelle Momente über rein körperliche Funktionen hinaus gehen, kein Nachgeben, sondern der Versuch, schärfer den „Eros", die Schönheit und Liebe im platonischen Sinn von sexuellen Elementen auch schon vor Beginn der Körperlichkeit (dem „Begehren", S. 77) abzugrenzen und zu „retten".

Auf elf Seiten polemisiert Spranger in einem gesonderten Abschnitt („Der Zusammenhang von Erotik und Sexualität") explizit gegen Freud, der, „ähnlich wie der Marxismus" die Ökonomie verabsolutiere (S. 115), eben die Sexualität verabsolutiere. Spranger stimmt zu, dass Freud physiologische Betrachtungen über psychologische Phänomene weitgehend ausschließt und begrüßt, dass dieser sich be-

---

[41] Nicht zu Unrecht, worauf Andreas Gruschka seinem Aufsatz „Von Spranger zu Oevermann. Über die Determination des Textverstehens durch die hermeneutische Methode und zur Frage des Fortschritts innerhalb der interpretativen Verfahren der Erziehungswissenschaft" (in: Zeitschrift für Pädagogik, 31. Jg. (1985), Heft 1, S. 81) verweist.

[42] In seinem Artikel „März 1933" schreibt Spranger: „Was diese Psychoanalyse an geistiger Volksgesundheit zerstört hat, scheint vielen bis heute noch nicht klar geworden zu sein." (Spranger, Eduard: März 1933, in: Die Erziehung. Monatsschrift für den Zusammenhang von Kultur und Erziehung in Wissenschaft und Leben, 8. Jg. (1933), S. 401 f.)

2. Zur „Psychologie des Jugendalters" (1924)

mühe, fragend unbewusste Zusammenhänge aufzudecken und bewusst zu machen. Spranger hält dies für eine „wesentliche Bereicherung unserer Methode" (S. 116). Scharf wendet er sich aber gegen die Grundtendenz einer Auseinandersetzung mit Sexualität, insbesondere gegen den „Ödipuskomplex" und die Theorie der „Sublimierung" des sexuellen Triebes als Wurzel kultureller Leistungen.[43]

Am Ende dieses Abschnitts zeigt sich, dass Spranger sich in der Auseinandersetzung mit Freud affektiv aufgeladen hat; die Wut entlädt sich gegen die „überentschiedenen Schulreformer", die sexuelle Ausschweifungen unterstützen würden. Hier, so Spranger, „bereitet sich der ‚Untergang des Abendlandes' vor" (S. 122). Und Spranger, der eben noch Freuds Überbetonung des Sexuellen beim Individuum angeprangert hat, erklärt nun – ohne sich der „Logik" seiner Position bewusst zu werden –, dass der ganze Untergang des römischen Reichs über den Bereich der Sexualität erklärt werden könne. Nicht wegen Sklavenaufständen, Völkererhebungen und zu großer imperialer Ausdehnung, nein, die antike Welt ging zu Grunde, „weil ihre führenden Schichten an der Wurzel krank waren: in ihrem sexuellen und erotischen Leben" (S. 122).

In den Abhandlungen über familiäre Konflikte zwischen Jugendlichen und vor allem dem Vater setzt sich – bei aller Polemik gegen Freud – doch indirekt eine gewisse Anerkennung des Ödipuskomplexes bei Spranger durch. Er geht ernsthaft davon aus, dass der Atheist, der gegen Gott (den Vater) wütet, sich am Trotz weidet und insofern selbst – dialektisch gewendet – seine Bindung an Gott offenbart (S. 135).

Was aber tun bei einer „Aufstauung der Triebe" (S. 105 f.)? Ohne ins Detail zu gehen schlägt Spranger vor, „dass das ganze leibliche und seelische Leben mit konzentrierter Energie in die Hand genommen" werden soll (S. 106). Ein Schelm, wer Böses dabei denkt! Denn Spranger kämpft gegen die Onanie und den vorausgehenden „Blutandrang zu den Geschlechtsteilen", der durch „sitzende Lebensweise und die Reizung durch enge Kleidung" erheblich gefördert werde. Für Spranger ist die Onanie „ein Fluch", weil dabei die Erotik der Seele fehle, ja die Onanie zerfresse den „übrigen Teil der Seele". „Sie verschlechtert nicht nur das Blut", heißt es wörtlich bei Spranger, „sondern sie zerstört die aufbauenden Kräfte und die Geschlossenheit der Seele überhaupt". Sie ist, laut Spranger, „ein fressender Wurm" (S. 108).

So wundert es auch nicht, dass Spranger zur Homosexualität feststellt, dass sie gegen das „ewig Weibliche" gerichtet und „unnatürlich" sei (S. 113). Für Spranger „endet dieser Weg doch im Ekel" (S. 121). Und gegen die Festlegung des Berufs durch den Vater gerichtet beschreibt Spranger: „Deshalb werden Söhne von Pastoren

---

[43] Zu Sprangers Position zu Freud siehe auch: Spranger, Eduard: Psychologie des Jugendalters (1924), 23. Auflage, Heidelberg 1953, S. 96.

Offiziere und Söhne von Offizieren Pastoren. (...) Im reifen Leben folgt dann die Synthese." (S. 137) Man weiß, was Spranger hier „eigentlich" meint, trotz der zweideutigen Formulierung, nämlich die Überwindung unentfalteter Lebensformen des Liebens von Menschen und des Machtmenschen in der Synthese.[44]

b) Das Frauenbild Eduard Sprangers

Wohl kaum auf einem anderen Gebiet wird so deutlich, dass in Sprangers Beobachtungen der in seinen Kreisen üblichen „Lebensformen", seiner scheinbaren Frauenbewunderung, eine tiefe Frauenverachtung zu Grunde liegt. Aus der durchaus exakten Beschreibung eines durch und durch kritikwürdigen Zustands wird bei Spranger eine positive Norm, ein „So soll es sein, so ist es gut":

> *„Wohl kaum einer unserer großen Geister ist das geworden, was wir an ihm ehren, ohne dass er seiner Seele die Maße gegeben hätte, die er im Anschauen vollendeter Weiblichkeit gewann."* (S. 92)

Es ist das Bedürfnis des Verunsicherten, dass „alles an seinem Platz sein soll", eben auch die Frau, und dann breitet sich Ruhe und Stille zum religiösen Sinn des Weltganzen aus. Das kommt bei den diversen Beschreibungen der Frau „als solcher" besonders deutlich zum Tragen, zum Beispiel in dieser:[45]

> *„Während aber bei ihm [dem Mann] die schöpferische Kraft in der Regel weiter zunimmt, erfährt die Frau – oft schon im Beginn der zwanziger Jahre – ein tragisches Erlahmen und Versagen. (...) Was sie nun schafft, schafft sie für ihn und gerade diesen einen (...). Vielleicht kommt es ihr selbst nicht zum Bewusstsein, dass zunächst alles, was in ihr noch schöpferisch ist, es nur in der Hülle dieser konkreten Liebe ist; und schließlich, dass nur noch ihre Liebe selbst produktiv ist; dass sie nicht mehr außer sich schafft, sondern alles in ihm, in seiner Seele. (...) Denn das ist das Los der echten Frau (...)."* (S. 306)

Spranger teilt die Frauen in zwei Kategorien ein: „In der einen leben seelenlose Nixen und Elfen, in der anderen mütterliche Gottheiten." (S. 309) Dass sich Sprangers Haltung in dieser Frage auch nach 1945 nicht grundlegend geändert hat, kommt in folgender Passage aus dem Jahr 1950 zum Ausdruck. Dort heißt es zur Einschätzung der Frau und der Familie:

---

[44] Zu den Weisheiten moralischer Natur im Abschnitt „Jugendliche Erotik" gehören auch Sätze wie: „Die Tanzstunde mag noch so familiär und harmlos sein: auf die Knaben wirkt sie selten günstig." (S. 87) Und: „Das Ideal der jungfräulichen Reinheit besteht in weiten Kreisen nicht mehr. (…) Selbst die Eltern finden nichts dabei, dass ihre Tochter ‚mit einem Herrn geht'." (S. 186)

[45] Vgl. auch: Spranger, Eduard: Lebensformen. Geisteswissenschaftliche Psychologie und Ethik der Persönlichkeit (1921), Tübingen 1950, S. 160 und 177.

2. Zur „Psychologie des Jugendalters" (1924)

> *„Das Erste nämlich, was Not tut, ist die Erhaltung, oder wie man sich wohl heute schon ausdrücken muss: die Wiederherstellung der Familie. (...) Die Familie ruht ganz auf den Kräften der Frau. Dass ihre fleißigen, abgearbeiteten und abgehärmten Hände noch da sind, das wollen wir schon glauben. Wir brauchen aber ihr ganzes, noch nicht von Leiden zerrissenes Herz, ihre Gabe, in sich selbst hinabzulauschen, dort eine große Stille zu hören und aus dieser Stille der Ihrigen das Tiefere des Daseins zu deuten. Wenn nicht alle Wände gleichsam widerleuchten von den warmen und liebreichen Gefühlen, die nur eine Frau und Mutter innerlich aufbringt, so ist der gesündeste Neubau nicht viel wert."* [46]

c) Spranger zur empirischen Methode

Nicht zu Unrecht kritisiert Spranger die damaligen an Details orientierten Fragebögen als Grundlage empirischer Forschung; Parallelen zu heute drängen sich durchaus auf. So spielt in die Beantwortung der Frage, was eine „gerechte Strafe" sei, in der Tat die Erwartungshaltung des Fragenden eine Rolle, so dass die Ergebnisse solcher Fragebögen mehr als zweifelhaft sind (S. 173 f.).

> *„Fragebögen in statistischer Absicht, wie sie in Amerika beliebt sind, haben noch größere Mängel* [als autobiographische Zeugnisse], *die kaum besonderer Hervorhebung bedürfen. Sie kanalisieren von vornherein den Strom der Selbstbeobachtung und machen daher in bestimmte Richtungen übersichtig. Sie setzen eine Klarheit über sich selbst voraus, die* [bei Jugendlichen] *nicht da sein kann, also nur durch die Fragestellung künstlich gemacht wird. Sie ignorieren die höchst individuellen Umstände, die man immer mitwissen muss, um ganz zu verstehen."* (S. 267 f.)

Diese Kritik wiederholt sich bei der empirischen Untersuchung der Frage, ob Kinder monatlich einen geringen Geldbetrag sparen würden, da diese hypothetische Fragen selbstverständlich von sehr vielen Faktoren beeinflusst werden können und eine Aussage für Jugendliche allgemein unmöglich ist (S. 217). Doch insgesamt gesehen bleibt bei Spranger offen, wie die Psyche des Jugendalters wissenschaftlich-empirisch analysiert werden könnte. Es soll nicht bestritten werden, dass in diesem Buch Sprangers, in dem er weitgehend auf eine Beweisführung mittels empirischer Quellen verzichtet, auch Gedanken enthalten sind, die wirklich helfen können, Jugendliche zu verstehen. Man mag heute einwenden, dass es sich um auf der Hand liegende triviale Beobachtungen handelt, die Spranger reklamiert; dem kann schwerlich widersprochen werden. Allerdings muss auch der Stand der Psychologie der 1920er Jahre des letzten Jahrhunderts berücksichtigt werden.

---

[46] Spranger, Eduard: Macht und Grenzen des Einflusses der Erziehung auf die Zukunft (1950), in: Spranger, Eduard: Gesammelte Schriften, Band I: Geist der Erziehung, herausgegeben von Gottfried Bräuer und Andreas Flitner, Tübingen / Heidelberg 1969, S. 205 f.

I. Sprangers theoretische Grundlegung der Erziehungswissenschaft

Zu den Überlegungen Sprangers, die weiter diskutiert werden könnten, gehört sicher die Feststellung, dass „Verschlossenheit" (S. 1) ein wichtiger Zug der Pubertät ist. Einschränkend müsste vielleicht hinzugefügt werden, dass diese Verschlossenheit vor allem gegenüber den Erwachsenen, den Eltern erfolgt. An Kant und Hegel orientiert hält Spranger an deren Grundgedanken fest, dass weder durch reine Theorie noch durch reine Empirie etwas wirklich tief verstanden werden kann, dass das „Konkrete" eben doch in der inneren Verbindung von allgemeinen, besonderen und einzelnen Erscheinungen erforscht werden muss, im inneren Zusammenhang, in seiner Entwicklung und eben auch in seinen inneren Gegensätzen. Diese psychologisch gewendete philosophische Perspektive hat für Spranger die Konsequenz, den Jugendlichen mit seiner psychischen Entwicklung nicht nur eng aus sich selbst heraus, sondern im Zusammenhang mit der Wirklichkeit, aber eben auch der „psychologischen Atmosphäre" der Gesellschaft, der gewachsenen Kultur und Moral und den daraus resultierenden Konflikten zu verstehen.[47]

So wendet er sich gegen bloße Beschreibung einzelner „automatisierter" Erscheinungen als Tendenz insbesondere der US-amerikanischen pragmatischen Psychologie. Gerade hier finden sich einige gelungene Polemiken Sprangers.[48] Kritisch hinterfragt werden sollte dabei jedoch die aus seinen religiösen Grundüberzeugungen heraus getroffene Behauptung, dass die Tiefe, die er auch anstrebe, in „ewigen Grundlinien" bestehe (S. 14).

Die eher triviale, aber dennoch richtige Feststellung, dass mögliche Lebensformen des Jugendlichen eben noch „unentfaltet" (S. 17) sind, „ohne festen Zustand" (S. 28), wird von Spranger im Sinne seines „Systems" der sechs miteinander zu verbindenden Lebensformen ausgelegt. Von praktischer Relevanz ist hier die berechtigte Polemik gegen den angeblich schon „fertigen" jugendlichen Kriminellen, der einfach nur weggeschlossen werden müsse.[49] Es wäre empirisch zu untersuchen, ob Sprangers Intervention gegen die vorschnelle Anwendung des Strafrechts auf Jugendliche auf theoretischem Gebiet in der Realität dazu beigetragen hat, die Zahl von über fünfzigtausend inhaftierten Jugendlichen in der Kaiserzeit, die er anführt (S. 175), merklich zu verringern.

Obwohl eine der Stärken der Argumentation Sprangers gerade in der Betonung der gesellschaftlich-kulturellen Einbindung des Einzelnen liegt, negiert er – zumindest in seinem theoretischen Gebäude – nicht die Einzigartigkeit des Einzelnen. Im

---

[47] „Das Ganze, aus dem heraus der Mensch verstanden werden muss, ist viel größer als das Ganze seiner individuellen Erlebniswelt." (S. 5)

[48] Siehe z. B. Sprangers Polemik gegen die Frage: „Weshalb spielt das Kind?" (S. 7 ff.)

[49] „(…) man muss die ganze junge Seele kennen, um das Werden dieser Motivation zu verstehen." (S. 181)

3. Abgrenzung gegenüber Herbart und der deutschen Reformpädagogik

Gegenteil heißt es im Abschnitt „Aufgaben und Methoden": „Jedes Einzelwesen ist hierin [geformt zu werden und sich selbst zu formen] ganz einzigartig." (S. 18) Nachvollziehbar ist auch die Beobachtung Sprangers, dass gerade Jugendliche „sich selbst nicht verstehen" und um so mehr von anderen verstanden werden wollen. Diese Zuwendung durch Erwachsene nennt Spranger „emporbildendes Verstehen" (S. 37), das bei der Entfaltung der von ihm als System verstandenen sechs Lebensformen helfe. Für Spranger ist „die Unverbundenheit der einzelnen Sinnrichtungen" (S. 46) ein wesentlicher Zug der Pubertät. Auch der Beobachtung, dass eine Persönlichkeit des Jugendlichen im „ethisch bewussten Durchkämpfen von Konflikten" herausbildet (S. 152), kann zugestimmt werden. Von Bedeutung für den pädagogischen Alltag, den Spranger ansonsten aus seinen Überlegungen weitgehend ausklammert, ist der im Abschnitt „Das Rechtsbewusstsein der Jugendlichen" formulierte Gedanke, dass gerechtes Verhalten gegenüber Schülern einerseits Gleichbehandlung einschließt, andererseits aber die besondere Lage des Einzelnen verstehen müsse.

3. Sprangers Abgrenzung gegenüber Herbart und der deutschen Reformpädagogik

a) Spranger über Herbart

In der Geschichte der deutschen Erziehungswissenschaft grenzt sich sowohl Sprangers geisteswissenschaftliche Pädagogik als auch die Reformpädagogik von der traditionellen Pädagogik Herbarts ab. Zunächst muss festgestellt werden, dass Sprangers Abgrenzung gegenüber Herbart nicht so sehr die Kritik der Form betrifft. Unterrichtsformen waren ohnehin nicht das Thema Sprangers. Der Unterschied ist aus der Sicht Sprangers darin zu sehen, Herbart zu sehr das Buchwissen (die theoretische Lebensform), das bloße Einpauken und Erlernen von Fakten und wissenschaftlichen Tatsachen und Theorien aus Bücher favorisiert habe. Die theoretische Arbeit, für Spranger nur eine der sechs Lebensformen, werde von Herbart verabsolutiert. Sprangers Erziehungsziel ist nicht einfach der theoretisch gebildete, sondern der (trotz Schwerpunktsetzung) allseitig gebildete Mensch. Der vor allem auch musisch, sozial, politisch und religiös gebildete Mensch, der (in allen Aspekten dieser umfassenden Bildung in verschiedenen Lebensformen) die Werte durch eigenes Erleben, als objektiven Geist, als Religion und sittlich-moralische Grundposition erfährt. Spranger verweist darauf, dass für ihn Bildung wie Lehrerbildung nicht bloß in Bücherbildung besteht.[50]

Spranger führt Kaiser Wilhelm II. an, der schon 1890 die festgelegten Karrieren Jugendlicher bemängelt habe. Das wird von Spranger – mit höchster Autorität

---

[50] Vgl. dazu auch: Spranger, Eduard: Lebensformen. Geisteswissenschaftliche Psychologie und Ethik der Persönlichkeit (1921), Tübingen 1950, S. 302.

I. Sprangers theoretische Grundlegung der Erziehungswissenschaft

sozusagen – gegen die „Gelehrtenschule" mit rein „theoretischen Lebensformen" gewendet, eben gegen Herbart, der die anderen Lebensformen nicht entfalte und insbesondere die ästhetische und praktisch-ökonomische Lebensform verkümmern lasse.[51]

In diese Richtung geht auch Sprangers These, dass „nicht jedes Wissensgut" auch Bildungsgut sei, dass eben nur das innerlich verarbeitete und „erlebte" Wissen zur Bildung werde.[52] Wenn Spranger gegen *ein* Bildungsideal polemisiert, dann ist das nicht gleichzusetzen mit einer „liberalen" Aushöhlung seiner normativen Grundpositionen, etwa des Religiösen und Sittlichen. Es geht ihm einfach darum, dass sich unabhängig davon, welche der sechs Lebensformen im Vordergrund steht, das Zusammenspiel dieser Lebensformen, die Synthese und damit das Ethisch-Sittliche, das Religiöse in vielen Kombinationen und „Bildungsidealen" durchsetzt. Lediglich ein Bildungsideal, etwa nur das theoretische, lehnt Spranger ab.

Eine kurze Polemik gegen das Einengende von Herbarts Konzept des „Gedankenkreises" findet sich 1950: „Welch unheilvoller Irrtum Herbarts, dass man dem Zögling auch nur einen ‚Gedankenkreis' *machen* könne!"[53] Den „rationalistischen Zug" Herbarts bezeichnet Spranger als „beengende Fessel". Er wirft ihm vor, die Pädagogik „als Produkt ihrer Hilfswissenschaften" Psychologie und Ethik zu sehen.[54] Auch den „erziehenden Unterricht" Herbarts kritisiert Spranger:

„Denken wir an den Herbartischen Zentralbegriff, den erziehenden Unterricht! Der Unterricht vermag zu erziehen, wenn er Interesse erweckt, das heißt aber, wenn er in den Bereich dessen eintritt, was dem Zögling wertvoll ist. Und darin lag nun Herbarts Fehler, dass er es für möglich hielt, den Begriff der Vorstellung dem des Wertes überzuordnen, während in Wahrheit der Wertbegriff das eigentliche Herz seiner wie aller Pädagogik ausmacht."[55]

---

[51] Spranger, Eduard: Psychologie des Jugendalters (1924), 23. Auflage, Heidelberg 1953, S. 225 f.

[52] Ebenda, S. 238.

[53] Spranger, Eduard: Macht und Grenzen des Einflusses der Erziehung auf die Zukunft (1950), in: Spranger, Eduard: Gesammelte Schriften, Band I: Geist der Erziehung, herausgegeben von Gottfried Bräuer und Andreas Flitner, Tübingen / Heidelberg 1969, S. 200.

[54] Spranger, Eduard: Grundfragen der philosophischen Pädagogik (1907), in: Spranger, Eduard: Gesammelte Schriften, Band II: Philosophische Pädagogik, herausgegeben von Otto Friedrich Bollnow und Gottfried Bräuer, Tübingen / Heidelberg 1973, S. 211 ff.

[55] Ebenda, S. 215.

3. Abgrenzung gegenüber Herbart und der deutschen Reformpädagogik

Spranger unterstellt Herbart die Formel „Der Gedankenkreis bildet den Charakter" und setzt dem entgegen: „Viel Wissen heißt noch nicht: Charakter haben; Klugheit ist noch weit entfernt von sittlicher Reinheit oder gar Güte."[56]

b) Spranger über die deutsche Reformpädagogik

Spranger wendet sich auch entschieden gegen die Schulreformer, die „das Schulleben nach dem Muster des Staates" gestalten und „in den Schulen Parlamentarismus" spielen wollten. Demokratische Elemente in der Schule als Weg und Ziel sind Spranger offensichtlich ein Gräuel, zumal er politische Stellungnahmen erst von Person ab dem vierundzwanzigsten Lebensjahr gelten lassen will.[57]

Die Abgrenzung von der deutschen Reformpädagogik hat nach den Äußerungen Sprangers nicht so sehr mit deren theoretischen Grundpositionen (z. B. von Peter Petersen) zu tun, sondern vielmehr mit einem bestimmten Bild der Reformpädagogik, als einem das Kind verherrlichenden und mit liberalen Erziehungsmethoden und freiheitlichem „laissez faire" verbundenen Erziehungsstil. Sämtliche Polemiken Sprangers gegen die deutsche Reformpädagogik operieren auf dieser Begriffsebene. Der Reformpädagogik unterstellt Spranger eine „ungesunde Anbetung des Kindes" und dass „alles aus dem Kinde selbst hervorkommen" solle; das ist für ihn „die Abdankung aller Erziehung".[58] Spranger sieht in der Reformpädagogik eine Überreaktion auf Herbart, der „die kindliche Natur (vergöttert) und nur darauf bedacht (ist), ihre Eigenrechte zu wahren".[59]

Dazu kann allerdings angemerkt werden, dass sich bei einer genaueren vergleichenden Betrachtung etwa der theoretischen Positionen Sprangers und Petersens eine

---

[56] Spranger, Eduard: Von der Lernschule zur Erzieherschule (1956), in: Spranger, Eduard: Gesammelte Schriften, Band III: Schule und Lehrer, herausgegeben von Ludwig Englert, Tübingen / Heidelberg 1970, S. 321.

[57] Spranger, Eduard: Psychologie des Jugendalters (1924), 23. Auflage, Heidelberg 1953, S. 202 f.

[58] Spranger, Eduard: Grundstile der Erziehung (1951), in: Spranger, Eduard: Gesammelte Schriften, Band I: Geist der Erziehung, herausgegeben von Gottfried Bräuer und Andreas Flitner, Tübingen / Heidelberg 1969, S. 225.
Vgl. auch: Spranger, Eduard: Der geborene Erzieher (1958), in: Spranger, Eduard: Gesammelte Schriften, Band I: Geist der Erziehung, herausgegeben von Gottfried Bräuer und Andreas Flitner, Tübingen / Heidelberg 1969, S. 313 f. und Spranger, Eduard: Das Gesetz der ungewollten Nebenwirkungen in der Erziehung (1962), in: Spranger, Eduard: Gesammelte Schriften, Band I: Geist der Erziehung, herausgegeben von Gottfried Bräuer und Andreas Flitner, Tübingen / Heidelberg 1969, S. 372 f.

[59] Spranger, Eduard: Grundfragen der philosophischen Pädagogik (1907), in: Spranger, Eduard: Gesammelte Schriften, Band II: Philosophische Pädagogik, herausgegeben von Otto Friedrich Bollnow und Gottfried Bräuer, Tübingen / Heidelberg 1973, S. 210.

I. Sprangers theoretische Grundlegung der Erziehungswissenschaft

erstaunliche Übereinstimmung herausbildet. Dies gilt sowohl für die Tradition antiker Bildungselemente verknüpft mit dem deutschen Idealismus und unter Berufung auf Goethe und Schiller,[60] Kant und Hegel, Nietzsche und Pestalozzi, als auch in Bezug auf die Position, dass es darum gehe, die „Innerlichkeit" der zu Erziehenden zu formen und nicht „kopflastig" das Kind mit zuviel Wissen „voll zu stopfen". Die gemeinsame Front zwischen der geisteswissenschaftlichen Pädagogik eines Eduard Spranger und der Reformpädagogik eines Peter Petersen gegen Herbart und dessen Anhänger ist möglicherweise stärker, als dies in traditionellen Darstellungen der deutschen Erziehungswissenschaft herausgearbeitet wird.[61]

Ein wesentlicher Unterschied zwischen Sprangers Ansätzen und dem Werk Petersens besteht also nicht so sehr in der Erziehung zu inneren Werten, zu Deutschtum, Disziplin und Militär als vielmehr darin, dass Spranger sich mehr auf eine geisteswissenschaftliche Begründung dieser Werte stützt, während Petersen durch seinen Jena-Plan und seine Schulversuche (Wochenplan, Gruppentische,...) sich mehr der Unterrichtswirklichkeit gewidmet hat. Spranger selbst bekennt dagegen: „Mein Weg ist der der Wissenschaft, nicht der Praxis und Organisation."[62] Durch die Abgrenzung Sprangers sowohl gegen Herbart und seine Anhänger als auch gegen die deutsche Reformpädagogik führt uns Spranger zu einem der Leitsterne seiner pädagogischen Theorie, dem Mittelweg: „Wiederum erweist es sich als schwere Kunst, den Mittelweg zu finden."[63]

4. Einzelne positive Aspekte in den erziehungswissenschaftlichen Schriften Sprangers

Bei aller Kritik an den pädagogischen und politischen Positionen Eduard Sprangers sollen dennoch seine vereinzelten positiv einzuschätzenden Positionen (bei allen Einwänden, die auch dort wieder erhoben werden könnten) nicht ausgeklammert

---

[60] Spranger nennt es die „tiefste Vermählung geistiger Prinzipien – Faust und Helena" (Spranger, Eduard: Das deutsche Bildungsideal der Gegenwart in geschichtsphilosophischer Beleuchtung (1926), in: Spranger, Eduard: Gesammelte Schriften, Band V: Kulturphilosophie und Kulturkritik, herausgegeben von Hans Wenke, Tübingen / Heidelberg 1969, S. 104).

[61] Siehe dazu auch: Ortmeyer, Benjamin: Mythos und Pathos statt Logos und Ethos. Zu den Publikationen führender Erziehungswissenschaftler in der NS-Zeit: Eduard Spranger, Herman Nohl, Erich Weniger und Peter Petersen, Weinheim / Basel 2009.

[62] Eduard Spranger an Georg Kerschensteiner, 13.3.1915, in: Englert, Ludwig (Hrsg.): Georg Kerschensteiner – Eduard Spranger. Briefwechsel 1912–1931, München / Wien / Stuttgart 1966, S. 31.

[63] Spranger, Eduard: Das Gesetz der ungewollten Nebenwirkungen in der Erziehung (1962), in: Spranger, Eduard: Gesammelte Schriften, Band I: Geist der Erziehung, herausgegeben von Gottfried Bräuer und Andreas Flitner, Tübingen / Heidelberg 1969, S. 373. Vgl. auch ebenda, S. 367.

werden, denn Spranger entwickelte durchaus auch progressive bzw. gut nachvollziehbare Positionen und Gedanken.

Er betont etwa zu Recht, dass die Stoffauswahl „nicht *rein* nach wissenschaftlichen Gesichtspunkten erfolgen kann, sondern *zugleich* nach dem Gesichtspunkt ihrer normativen, wertbildenden Kraft." Und „die Bildungsideale", fordert Spranger *„müssen* sich differenzieren mit der wachsende Verschiedenheit der geistig-sozialen Schicht und der Seelenstrukturen, aus denen sie hervorgehen. (…) Es gibt kein einheitliches Bildungsideal. (…) [Die Lehrer] müssen Männer der Wissenschaft sein und bleiben."[64]

Auch ist es für Spranger unstrittig, dass die Schule in gewissem Sinne ein „Schonbereich" sein muss, getrennt vom realen Leben. Es geht ihm dabei darum, „dass man die Idee der echten Kultur höher stellt als die reibungslose Anpassung an das, was die betreffende Epoche Kultur nennt." Er fordert, dass, wer „Kulturverantwortung" tragen soll, auch „kulturmächtig" sein müsse. An anderer Stelle nennt er das (mit der Einschränkung „in gewissem Maße") *„gegen* den herrschenden Geist erziehen."[65] Auch betont er, dass der Schüler mehr an Geschichte überschauen müsse, als die des Vaterlands und des Abendlands.[66]

Als ein Erziehungsziel formuliert Spranger die Fähigkeit zum Denken im Allgemeinen („Wer zur Freiheit erziehen will, muss zuallererst zum Denken erziehen.") und zum selbstkritischen Denken im Besonderen („Selbstkritik macht frei."). Er polemisiert sowohl gegen Pädagogen, die als „Kinderführer" und „Halbsklaven" die Schüler lediglich behüten und bewachen, bestimmt aber nicht unterrichten, als auch gegen jenen Typ Lehrer, der immer nur wissen wolle, „wie man es macht".[67] Unter Berufung auf Sokrates macht sich Spranger dafür stark, den Schülern nicht die eigenen Ideen aufzudrängen, sondern ihr Problembewusstsein zu fördern und Raum für eigenes Denken zu lassen.[68] Positiv ist auch jene Feststellung Sprangers

---

[64] Spranger, Eduard: Der gegenwärtige Stand der Geisteswissenschaft und die Schule (1922/1925), in: Spranger, Eduard: Gesammelte Schriften, Band I: Geist der Erziehung, herausgegeben von Gottfried Bräuer und Andreas Flitner, Tübingen / Heidelberg 1969, S. 64 f.

[65] Spranger, Eduard: Das Gesetz der ungewollten Nebenwirkungen in der Erziehung (1962), in: Spranger, Eduard: Gesammelte Schriften, Band I: Geist der Erziehung, herausgegeben von Gottfried Bräuer und Andreas Flitner, Tübingen / Heidelberg 1969, S. 368.

[66] Spranger, Eduard: Das deutsche Bildungsideal der Gegenwart in geschichtsphilosophischer Beleuchtung (1926), in: Spranger, Eduard: Gesammelte Schriften, Band V: Kulturphilosophie und Kulturkritik, herausgegeben von Hans Wenke, Tübingen / Heidelberg 1969, S. 103.

[67] Spranger, Eduard: Der Lehrer als Erzieher zur Freiheit (1951), in: Spranger, Eduard: Gesammelte Schriften, Band II: Philosophische Pädagogik, herausgegeben von Otto Friedrich Bollnow und Gottfried Bräuer, Tübingen / Heidelberg 1973, S. 329 ff.

[68] Ebenda, S. 337 f.

I. Sprangers theoretische Grundlegung der Erziehungswissenschaft

im Hinblick auf den Lehrer zu betrachten: „Man kann nur Vorbild sein, wenn man nicht Vorbild sein will."[69]

Das Grundproblem bei nahezu allen diesen positiv einzuschätzenden Äußerungen Sprangers, bei denen es um Erziehung und Bildung geht, ist folgendes: Er bezieht Forderungen wie „kulturmächtig" oder selbstkritisch ausschließlich auf die Bildung von Eliten (in der Regel Schüler humanistischer Gymnasien oder Privatschulen), nicht jedoch auf die breite Masse der Schülerschaft (z. B. Volksschüler). Ausgehend von der Vorstellung Sprangers, dass die Gesellschaft in allen zentralen Bereichen von „Führern" geleitet werden solle, wird auch sein Elite-Gedanke verständlich:

> *„Persönlich glaube ich, dass für die eigentliche* Führer*bildung die binnenländische Vertrautheit mit der deutschen Geistesgeschichte, ja selbst die Berührung mit ihren klassischen Meistern der Menschenformung nicht ausreicht. (...) Aus diesen Gesichtspunkten heraus fordere ich* Eliteschulen, *die aus dem Typus des klassischen Gymnasiums entwickelt werden könnten, wenn man zu der alten neuhumanistischen Idee des innerlich geformten Menschentums eine starke historisch-politische Bildungsrichtung hinzufügt."* [70]

5. Die „innere Freiheit" als Unterordnung unter Gott und Staat

In seinem Vortrag „Über Erziehung zum deutschen Volksbewusstsein" (gehalten anlässlich der Hauptausschusssitzung des „Vereins für das Deutschtum im Ausland") behandelt Spranger u. a. die Besonderheit des Deutschen, die einem besonderen „Grundstil der Gesellschaftsbildung" entspreche: „Es handelt sich um die Vereinigung von Freiheit und Pflicht. Die Art, wie der Deutsche mit anderen zusammenzuwirken vermag, *ist freies Dienen, innerliches Dienen.*"[71] Im Weiteren zitiert er wiederum zustimmend Oswald Spengler: „Nie wird ein Engländer begrei-

---

[69] Spranger, Eduard: Der geborene Erzieher (1958), in: Spranger, Eduard: Gesammelte Schriften, Band I: Geist der Erziehung, herausgegeben von Gottfried Bräuer und Andreas Flitner, Tübingen / Heidelberg 1969, S. 301.

[70] Spranger, Eduard: Das deutsche Bildungsideal der Gegenwart in geschichtsphilosophischer Beleuchtung (1926), in: Spranger, Eduard: Gesammelte Schriften, Band V: Kulturphilosophie und Kulturkritik, herausgegeben von Hans Wenke, Tübingen / Heidelberg 1969, S. 103.

[71] Spranger, Eduard: Über Erziehung zum deutschen Volksbewusstsein (1924), in: Spranger, Eduard: Volk, Staat, Erziehung. Gesammelte Reden und Aufsätze, Leipzig 1932, S. 66.

Und an anderer Stelle heißt es: „Der Dienst am Staat als erster und einziger Weg der politischen Erziehung (…) ist einfach nur eine ewige Wahrheit, die sich nur wieder in ihrer Selbstverständlichkeit zum Bewusstsein erheben muss." (Spranger, Eduard: Probleme der politischen Volkserziehung (1928), in: Spranger, Eduard: Volk, Staat, Erziehung. Gesammelte Reden und Aufsätze, Leipzig 1932, S. 77 f.)

5. Die „innere Freiheit" als Unterordnung unter Gott und Staat

fen – die ganze Welt begreift es nicht – dass mit dem preußischen Stil eine tiefe innere Unabhängigkeit verbunden ist."[72]

Im Artikel „Gegenwart" vom September 1932 führt Spranger die damalige Krisensituation auf langfristige Folgen der Französischen Revolution und der von ihr ausgehenden Emanzipationsbewegungen zurück. Der Staat könne nur von „gruppenhaften Lebensgebilden" aufgebaut werden, daher sei es „ein Kardinalirrtum der Methoden politischer Erziehung (...), den einzelnen als solchen gleichsam unmittelbar staatsfähig machen zu wollen".[73] Das deutsche Heer bewundert Spranger als „stärkste(n) Ausdruck des ‚allgemeinen Geistes' ".[74] So ist es auch nur konsequent, wenn in seiner Vorstellung die „Frontkämpfergeneration als Erziehergeneration"[75] vorangehen solle.

In seinem Artikel „Der politische Mensch als Bildungsziel" (1934) stellt Spranger fest:

„Der Herrenmensch [sic!] kann, nach einem ewigen Lebensgesetz, nur erzogen werden am Gehorchen und Dienen. Der tiefere Sinn dieser Disziplin von außen her erfüllt sich erst, wenn das Gehorchen zur Selbstdisziplin wird. Diese aber beruht auf dem Sichselbstbefehlen, und das ist die einzige Gestalt des Lebens, die den hohen Namen ‚Freiheit' verdient."[76]

Einen Kernsatz seiner Pädagogik formuliert Spranger in den „Lebensformen": „Unter keinen Umständen darf gesagt werden, die Autonomie (das persönlich geforderte) stehe notwendig höher als die Autorität." Spranger bezeichnet das als „uralte sittliche Erbweisheit".[77]

Spranger bezieht ausdrücklich gegen die Französische Revolution und für die deutsche Monarchie (die „feste Ordnung des alten Feudalsystems") Stellung. Zustimmend zitiert er Pestalozzi:

---

[72] Spengler, Oswald: Preußentum und Sozialismus, München 1922, zitiert nach: Spranger, Eduard: Probleme der politischen Volkserziehung (1928), in: Spranger, Eduard: Volk, Staat, Erziehung. Gesammelte Reden und Aufsätze, Leipzig 1932, S. 68 f.

[73] Spranger, Eduard: Gegenwart (1932), in: Spranger, Eduard: Volk, Staat, Erziehung. Gesammelte Reden und Aufsätze, Leipzig 1932, S. 193.

[74] Ebenda, S. 198.

[75] Ebenda, S. 210.

[76] Spranger, Eduard: Der politische Mensch als Bildungsziel, in: Die Erziehung. Monatsschrift für den Zusammenhang von Kultur und Erziehung in Wissenschaft und Leben, 9. Jg. (1934), S. 67.

[77] Spranger, Eduard: Psychologie des Jugendalters (1924), 23. Auflage, Heidelberg 1953, S. 151.

I. Sprangers theoretische Grundlegung der Erziehungswissenschaft

> *„Vom König an bis zum Handwerksburschen hatte jedermann seine bestimmten Rechte. Niemand durfte alles, aber jedermann durfte doch auch etwas (...). Der Adel hing mit seiner ganzen Kraft am Rechte seiner Burg, der Bürger am Rechte seiner Stadt, der Bauer am Rechte seines Dorfes. Zahllose Menschen aus allen Ständen fühlten sich durch diese Anhänglichkeit an ihr gesetzliches Recht im Besitz eines, mit ihrer Lage verhältnismäßigen, sie in ihrem Kreis befriedigenden und ihrer Loyalität genugtuenden Grades von Freiheit, das ist von gesetzlich gesicherter Selbständigkeit (...)."* [78]

Und auch 1951 sind für Spranger die demokratischen Errungenschaften der Französischen Revolution noch kritikwürdig:

> *„Überhaupt ist nicht sicher, dass Erziehung zur Freiheit von Anfang an Erziehung durch Freiheit lassen sein muss. Das ist ein schweres Problem. Die Erfahrungen der Französischen Revolution von 1789 haben im größten Maßstabe gelehrt, welche Gefahren in einer missverstandenen Freiheit liegen. Schillers optimistische Wendung: Vor dem Sklaven, wenn er die Ketten bricht, vor dem freien Menschen erzittert nicht! setzt voraus, dass man den Sklavensinn der Masse schon überwunden hat."* [79]

Zum Schluss der theoretischen Betrachtung von Sprangers erziehungswissenschaftlichem Werk wird nachvollziehbar, dass ein Kernpunkt seiner Überlegungen das Verhältnis von Freiheit und Unfreiheit betrifft. Die Frage, welche Bedeutung die Erziehung zur Freiheit hat, welche Rolle die Möglichkeit zur Selbstentfaltung der zu Erziehenden in der pädagogischen Theorie und Praxis hat, berechtigt, unabhängig von den einzelnen historischen Etappen einige Passagen Sprangers zusammenzustellen und zu kommentieren, in denen er auf dieses zentrale Problem der Erziehungswirklichkeit eingeht.

Nachdem die geisteswissenschaftliche Vorstellung, dass Freiheit die innere Freiheit zur Pflicht beinhaltet, schon angesprochen wurde, wird die praktische Schlussfolgerung Sprangers in sich logisch: Er definiert den eigentlichen Kern der Freiheit, die Fähigkeit, sich gegen eine vorherrschende Staats- und Kulturordnung zu stellen, um. Der „pädagogische Stoß ins Herz" (wie Spranger es in einer gewissen Offenheit und Brutalität formuliert) wird als Freiheit zur Unterordnung definiert:

---

[78] Pestalozzi, Johann Heinrich: Sämtliche Werke, Band 8, Liegnitz 1900, S. 17, zitiert nach: Spranger, Eduard: Ehre (1934), in: Spranger, Eduard: Gesammelte Schriften, Band VIII: Staat, Recht und Politik, herausgegeben von Hermann Josef Meyer, Tübingen / Heidelberg 1970, S. 227.

[79] Spranger, Eduard: Der Lehrer als Erzieher zur Freiheit (1951), in: Spranger, Eduard: Gesammelte Schriften, Band II: Philosophische Pädagogik, herausgegeben von Otto Friedrich Bollnow und Gottfried Bräuer, Tübingen / Heidelberg 1973, S. 338.

5. Die „innere Freiheit" als Unterordnung unter Gott und Staat

> *„Umgekehrt gibt es jedoch überindividuelle Geistesmächte, die vorausgesetzt werden müssen, wenn jener pädagogische Stoß ins Herz gelingen soll. Nur eine von ihnen soll näher beleuchtet werden, weil sie uns leider ins Dunkel entschwunden ist. Sie ist aber für das Werk des Pädagogen unerlässliches Medium, so dass er sich ihr annehmen muss, falls sie ins Absinken geraten sein sollte. Ich meine die Volksmoral. (...) Die heutige Volkskunde leidet daran, dass sie sich über ihr eigentliches Zentralgebiet kaum klar geworden ist: Sie sammelt umfangreiches Material, stellt es aber nicht in die Lebensstrukturen hinein, die den entscheidenden Rahmen liefern sollten: Volksmoral und Volksreligion."* [80]

Die Kernthese zum Thema Freiheit und Disziplin, die sich durch Sprangers pädagogische und geisteswissenschaftliche Theorien zieht, kommt in dem Satz „Denn was nicht frei von innen her bejaht wird, kann gar nicht der Erziehung als Resultat zugerechnet werden, es ist das Ergebnis bloßer Disziplin"[81] zum Ausdruck. Hier zeigt sich Sprangers Konzept des „Preuß' in der Brust" als Erziehungsziel. Was er genau damit meint, führt er wie folgt aus:

> *„Deshalb ist es wahr, dass man als Deutscher geboren werden kann, aber nicht als Preuße. Der deutsche Persönlichkeitsindividualismus und Stammesindividualismus ist angeboren und hängt mit der deutschen ‚Innerlichkeit', der religiösen Blickwendung nach innen und der nuancierten Selbstkultur zusammen. Der Preußische Geist ist Erziehungsprodukt. Er findet keine in ihn frei hineinstrebende Jugend vor. Dazu ist der Gedanke der Pflicht, der Begriff des Dienstes mit seiner Kleines und Großes gleichmäßig umfassenden Strenge zu nüchtern. Dienen als freies Dienen setzt überhaupt einen hohen Grad von ethischer Reife und Emporläuterung der Individualität ins Überindividuelle voraus."* [82]

Das „Preußische" ist also für Spranger, gerade in der Frage von Staat und Militär, die grundlegende und zentrale lebenslange Folie zur Orientierung auf das Nationale.[83] In ihm sah Spranger die reifste Ausprägung des Deutschtums. Bei einem Vortrag vor

---

[80] Spranger, Eduard: Der geborene Erzieher (1958), in: Spranger, Eduard: Gesammelte Schriften, Band I: Geist der Erziehung, herausgegeben von Gottfried Bräuer und Andreas Flitner, Tübingen / Heidelberg 1969, S. 301 ff.

[81] Spranger, Eduard: Grundstile der Erziehung (1951), in: Spranger, Eduard: Gesammelte Schriften, Band I: Geist der Erziehung, herausgegeben von Gottfried Bräuer und Andreas Flitner, Tübingen / Heidelberg 1969, S. 219.

[82] Spranger, Eduard: Psychologie des Jugendalters (1924), 23. Auflage, Heidelberg 1953, S. 201.

[83] Vgl. dazu auch: Spranger, Eduard: Das Preußische (ohne Jahr), in: Spranger, Eduard: Gesammelte Schriften, Band VIII: Staat, Recht und Politik, herausgegeben von Hermann Josef Meyer, Tübingen / Heidelberg 1970, S. 392–410.

I. Sprangers theoretische Grundlegung der Erziehungswissenschaft

dem „Stahlhelm" 1933 betont er: „Die gesunde Zukunft Deutschlands liegt im *wahren Preußentum*, nicht partikularisch, sondern als Idee und Gestalt verstanden."[84] Von diesen Grundauffassungen ist Spranger auch nach 1945 nicht abgerückt:

> *„Die Freiheit, ‚die ich meine', (...) soll die Freiheit sein, die verpflichtet. Gerade bei neuen Erziehungsformen hat man stattdessen oft einen spielerischen und weichlichen Freiheitsgedanken gefunden, der die Diskussion nicht lohnt, weil in derartigen Einstellungen der Sinn der Erziehung von voneherein verfehlt ist. (...) Die deutsche Universität in ihrer klassischen Grundgestaltung ist gleichsam das fleischgewordene System der Freiheit; die Wehrmacht – und nicht nur die deutsche – verkörpert den Geist der stärkeren Gebundenheit. Hier hat man beinahe ‚reine' Fälle verwirklicht."*[85]

---

[84] Spranger, Eduard: Thesen zur Beurteilung des Nationalsozialismus (21.10.1933). Unveröffentlichtes Manuskript, zitiert nach: Himmelstein, Klaus: Eduard Sprangers deutsches Bildungsideal auf den Trümmern von 1945, in: Himmelstein, Klaus / Keim, Wolfgang (Hrsg.): Die Schärfung des Blicks. Pädagogik nach dem Holocaust, Frankfurt am Main / New York 1996, S. 70.
Vgl. auch: Spranger, Eduard: Lebensformen. Geisteswissenschaftliche Psychologie und Ethik der Persönlichkeit (1921), unveränderter Nachdruck der 5., vielfach verbesserten Auflage, Tübingen 1950, S. 199.
[85] Spranger, Eduard: Grundstile der Erziehung (1951), in: Spranger, Eduard: Gesammelte Schriften, Band I: Geist der Erziehung, herausgegeben von Gottfried Bräuer und Andreas Flitner, Tübingen / Heidelberg 1969, S. 221.

II. Staatspädagogik

Als Konsequenz aus Sprangers philosophischen und erziehungswissenschaftlichen Grundpositionen sowie seiner metaphysisch-religiösen Grundeinstellung zum „Inneren" (Subjektiven) und „Höheren" (Göttlichen) – bei gleichzeitiger Betonung des Besonderen des Deutschtums,[86] des Pflichtgedankens und des „freien Gehorsams" – ergibt sich, dass er in allen Zeitabschnitten (Kaiserreich, Weimarer Republik, NS-Zeit und Bundesrepublik) positive Bekenntnisse zu den jeweils an der Spitze des deutschen Staates Stehenden äußert: zu Kaiser Wilhelm II., zu Hindenburg, zu Hitler und schließlich zu den Personen an der Spitze der Bundesrepublik nach 1949. Kontinuität in politischer Hinsicht findet sich mit unterschiedlichen Akzentsetzungen auch in seinem Verhältnis zum Militär als positive Erziehungsinstanz und zum Staat überhaupt, zur Familie und zum Eigentum.

1. Das Gegensatzpaar „deutsch/jüdisch" bei Eduard Spranger

Anhand dieses Abschnitts soll nochmals genauer begründet werden, warum diese Studie einem thematischen und keinem chronologischen Aufbau folgt: Die grausame Realität der NS-Diktatur hat bestimmten Themen und Begriffen unwiderruflich die „Harmlosigkeit" genommen. Eben in diesem Licht müssen die Äußerungen Sprangers sowohl aus der Zeit der Weimarer Republik als auch der Bundesrepublik betrachtet werden. Erst in diesem Kontext wird die Schamlosigkeit von Äußerungen Sprangers wie „Arbeit macht frei" (1951!)[87] deutlich. Dennoch ist bewusst, dass eine Akzeptanz für die verbrecherische Praxis des NS-Regimes nicht unmittelbar und umstandslos aus einzelnen Äußerungen gefolgert werden kann. Dass Spranger Juden für „frech" hält, heißt nicht, dass er der Meinung ist, man müsse alle umbringen (schließlich hat Spranger sich zeitlebens gegen „Übertreibungen" und für den „Mittelweg" stark gemacht). Und so ist für ihn der „Kampf gegen die Juden" zwar kein politisches Programm, aber doch „in gewissem Sinne notwendig".[88]

---

[86] „Das aber sollte sich von selbst verstehen, dass die deutsche Schule immer die entscheidenden Kräfte aus dem deutschen Idealismus ziehen müsste. Auch unser Christentum ist ein deutsch empfundenes Christentum." (Spranger, Eduard: Der gegenwärtige Stand der Geisteswissenschaft und die Schule (1922/1925), in: Spranger, Eduard: Gesammelte Schriften, Band I: Geist der Erziehung, herausgegeben von Gottfried Bräuer und Andreas Flitner, Tübingen / Heidelberg 1969, S. 67)

[87] Spranger, Eduard: Der Lehrer als Erzieher zur Freiheit (1951), in: Spranger, Eduard: Gesammelte Schriften, Band II: Philosophische Pädagogik, herausgegeben von Otto Friedrich Bollnow und Gottfried Bräuer, Tübingen / Heidelberg 1973, S. 330.

[88] Eduard Spranger an Käthe Hadlich, 2.5.1924, in: Martinsen, Sylvia / Sacher, Werner (Hrsg.): Eduard Spranger und Käthe Hadlich. Eine Auswahl aus den Briefen der Jahre 1903–1960, Bad Heilbrunn 2002, S. 237.

II. Staatspädagogik

Die besondere Bedeutung der Haltung zu den Juden in Deutschland, dem Land, von dem die Vernichtung von sechs Millionen europäischer Juden ausging, muss nicht gesondert begründet werden. Der Antisemitismus und der Holocaust als Kernpunkte der deutschen Geschichte werden allzu oft bei der moralischen Beurteilung der „Klassiker" der deutschen Erziehungswissenschaft ausgeklammert. Es ist ein besonderer Verdienst von Klaus Himmelstein, in seinen Arbeiten auch aus Briefen und unveröffentlichten Materialien Sprangers jene Passagen herausgesucht zu haben, die dessen Haltung zu den Juden, zum „Jüdischen", zum Ausdruck bringen.[89]

Dabei ist es besonders bei diesem Thema wichtig, die Textgattungen zu unterscheiden. Es kommt nicht nur darauf an, wann Spranger etwas gesagt hat, es ist auch von Belang, ob Spranger in veröffentlichten Schriften (wie etwa in der „Psychologie des Jugendalters") antisemitische Ressentiments verbreitet, oder seinen antisemitischen Stereotypen in Briefen freien Lauf lässt. In dem einen Fall trägt er öffentlich zur Verbreitung des Antisemitismus bei, im anderen Fall äußert er sich eben doch „nur" privat. Das schmälert dennoch nicht den Erkenntniswert der Briefe, wird hier doch der unverfälschte Blick auf den „wahren" Spranger frei. Er selbst schreibt zur Bedeutung seiner Briefe: „Werfen Sie diese Briefe nicht fort. Wenn jemand mein künftiges Schicksal nicht begreifen sollte, *hier* liegt der Schlüssel."[90]

Hierbei soll durchaus auf ein Zitat aus einem Brief aus der NS-Zeit hingewiesen werden, dessen Bedeutung, ebenfalls wie die negativen Zitate, nicht unterschätzt werden darf. Es ist sehr wohl von Bedeutung, dass Eduard Spranger in diesem Brief, jenseits seiner antisemitisch geprägten, deutschnationalen Grundhaltung offensichtlich doch in der Lage war, im Einzelfall einer von der rassistischen Verfolgung bedrohten Frau (wenn auch durch Zwangsarbeit) helfen zu wollen.[91]

---

[89] Siehe dazu vor allem: Himmelstein, Klaus: Die Konstruktion des Deutschen gegen das Jüdische im Diskurs Eduard Sprangers, in: Meyer-Willner, Gerhard (Hrsg.): Eduard Spranger. Aspekte seines Werks aus heutiger Sicht. Mit einer bisher unveröffentlichten autobiographischen Skizze von Eduard Spranger, Bad Heilbrunn 2001, S. 53–72.

[90] Eduard Spranger an Käthe Hadlich, 21.4.1911, in: Martinsen, Sylvia / Sacher, Werner (Hrsg.): Eduard Spranger und Käthe Hadlich. Eine Auswahl aus den Briefen der Jahre 1903–1960, Bad Heilbrunn 2002, S. 134.

[91] Spranger schreibt am 30.10.1941 an Gertrud Öppinger:
„Lassen sie mich kurz andeuten: Kapitän, hervorragend kriegswichtig, gedrängt durch Vorgesetzte, hat sich zur Scheidung von seiner (nicht arischen) Frau bewegen lassen – auch um sie unterstützen zu können. Jetzt kommt die bekannte Aktion; er ist in höchster Sorge, bietet alles auf das Schlimmste zu verhüten. Ich bin bemüht, ihn, den ich nie gesehen habe, aber tief schätze, zu unterstützen. Die Sache liegt so: Solche Personen, die in einem Betrieb zwangsbeschäftigt sind, werden voraussichtlich gefeit sein. Meine Frage richtet sich nun an ihren Herrn Gemahl: Gibt es bei IG Farben solche Beschäftigte (hier z. B. bei Siemens)? Kommen nur Fabrikarbeiter in Betracht, oder auch büroartige Tätigkeit? Ich frage deshalb, weil der derzeitige Wohnsitz Wiesbaden ist. Sollten sie nichts erkunden können oder es Ihrem Herrn Gemahl unerwünscht sein,

1. Das Gegensatzpaar „deutsch/jüdisch" bei Eduard Spranger

Das verringert jedoch nicht die Aussagekraft der nachfolgenden, eindeutig antisemitischen Passagen, sondern zeigt vielmehr deutlich den inneren Kontrast und die Unfähigkeit, aus der Inhumanität des NS-Regimes, die Spranger bis zu den Deportationen bekannt war, wirklich eine angemessene Konsequenz zu ziehen. Eine Konsequenz wäre gewesen, sich nicht weiter in der Öffentlichkeit für dieses verbrecherische Regime zur Verfügung zu stellen und somit indirekt den Menschen, die im Widerstand gegen das NS-Regime standen und auch dem Ausland gegenüber zu signalisieren, dass das Bündnis zwischen der NSDAP und den Deutschnationalen zumindest punktuell nicht mehr funktioniert.

Die weit verbreitete Vorstellung, dass der Antisemitismus ein untrügliches Merkmal nur der wirklich fanatisierten, ideologisch eindeutig nationalsozialistisch geprägten Parteimitglieder war, hat die Festigkeit eines Vorurteils. Die Wahrheit ist, dass der Antisemitismus weit über die Grenzen der NSDAP ein Kernpunkt auch der deutschnationalen Parteien und ihrer Anhängerschaft war.[92]

Der angesprochene Themenkomplex lässt sich an Sprangers Werk „Psychologie des Jugendalters"[93] exemplarisch aufzeigen. In der Eingrenzung, dass es ihm um die deutschen, vor allem männlichen gebildeten Jugendlichen der letzten hundertfünfzig Jahre geht, betont Spranger: „Schon der jüdische Jugendliche zeigt wesentlich abweichende Züge." (S. 25) Dieses Klischee wiederholt sich und zeigt immanent, dass für Spranger deutsche Nationalität und christliche Religion eine solche Einheit bilden, dass Juden keine Deutschen sein können. Die Tatsache, dass er von dieser, bei der großen Mehrheit der reaktionären Gelehrten der damaligen Zeit verbreiteten Position aus den Ausdruck „abweichende Züge" verwendet und dann noch polemisiert „was vielfach übersehen wird" ist vom eliminatorischen Antisemitismus des NS-Staates noch weit entfernt; festzuhalten bleibt es hier aber dennoch.

Wenn Spranger im Rahmen einer Darstellung des „Geltungstriebes" Jugendlicher auf Frechheiten zu sprechen kommt, auf „göttliche Frechheiten", dann ist er bezeichnender Weise unversehens bei den „jüdischen Jugendlichen" angelangt (S. 134). Das stößt heute vor allem deshalb so unangenehm auf, weil es an das Geschrei eines Goebbels von den „jüdischen Frechheiten" erinnert.

---

nach dieser Richtung Fragen zu stellen – verzeihen Sie bitte die Bemühung. Es ist der Wunsch zu helfen, der mir den Gedanken eingab." (Eduard Spranger an Gertrud Öppinger, 30.10.1941, in: Spranger, Eduard: Gesammelte Schriften, Band VII: Briefe 1901–1963, herausgegeben von Hans Walter Bähr, Tübingen / Heidelberg 1978, S. 205)

[92] Siehe dazu u. a.: Poliakov, Léon: Geschichte des Antisemitismus, Band V–VIII, Frankfurt am Main 1987–1989.

[93] Spranger, Eduard: Psychologie des Jugendalters (1924). 23. Auflage, Heidelberg 1953. Alle in diesem Abschnitt angegebenen Seitenzahlen ohne weitere Quellenangabe beziehen sich auf diese Ausgabe.

II. Staatspädagogik

Über die Entdeckung des Gegensatzes zwischen gesellschaftlichen moralischen Ansprüchen und der Realität schreibt Spranger: „Besonders in die Entwicklung junger Juden fällt oft eine solche Entdeckung zerstörend hinein und erfüllt sie früh mit ethischer Skepsis." (S. 157) „Frühreife Juden, die von vornherein durch die Kampfsituation ihres Stammes auf Menschenbeobachtung hingelenkt sind" werden so von Spranger in die Richtung des „geborenen Politikers" und Machtmenschen eingeordnet (S. 193). Deutlich unterscheidet Spranger den romantischen deutschen und den „jüdischen Geist" (S. 244).[94]

Schon früh sind in Sprangers Briefen an Käthe Hadlich Juden und „Jüdisches" häufiges Thema. In zwei Briefen aus dem November und Dezember 1918 schreibt er zum Beispiel: „Überall herrschen die Juden. Der Galizier Eisner treibt ungestraft Landesverrat. Es ist zum Weinen, zum Verzweifeln." In der kommenden Nationalversammlung sieht Spranger „eine Judenversammlung."[95]

In dem noch ausführlich zu behandelnden Artikel „März 1933" spricht Spranger von einer „bloß negative(n) Seite eines übersteigerten Antisemitismus"[96] der Nazis. Die Formulierung legt allerdings nahe, dass ohne diese Übersteigerung der Antisemitismus für Spranger durchaus seine Berechtigung hat. So wie sich Hitler gegen den „Radau-Antisemitismus" der Straße und für den staatlich organisierten Antisemitismus aussprach, so spricht sich Spranger hier gegen die Übersteigerung

---

[94] „Die Entwicklung vollzieht sich schneller, die Pubertät tritt früher ein. Die Seite der Sexualität ist dabei im Allgemeinen stärker betont als bei nordischen Völkern: das Blut pocht stärker, eine zerstörende Tendenz, weitgehende Haltlosigkeit auf sexuellem, manchmal auch auf gesellschaftlichem und politischem Gebiet." (Spranger, Eduard: Über die Besonderheit der jüdischen Jugend. Aus einem Brief, in: Der Jugendbund. Mitteilungen des Verbandes der Jüdischen Jugendvereine Deutschlands, 2. Jg. (1926), Heft 14, S. 1)
Vgl. dazu auch: Spranger, Eduard. Lebensformen. Geisteswissenschaftliche Psychologie und Ethik der Persönlichkeit (1921), Tübingen 1950, S. 178.

[95] Eduard Spranger an Käthe Hadlich, 29./30.11.1918, in: Martinsen, Sylvia / Sacher, Werner (Hrsg.): Eduard Spranger und Käthe Hadlich. Eine Auswahl aus den Briefen der Jahre 1903–1960, Bad Heilbrunn 2002, S. 203 f.
In einem anderen Brief schreibt Spranger: „Hier im Haus ist eine Judensippschaft zum ‚Fest' eingetroffen, davon kannst Du Dir kein entferntes Bild machen. (...) Solche Gesichter, solche Nasen – und täglich kommen neue. Es ist in der Tat ungemütlich." (Eduard Spranger an Käthe Hadlich, Heiligabend 1916, unveröffentlichter Brief, zitiert nach: Himmelstein, Klaus: Die Konstruktion des Deutschen gegen das Jüdische im Diskurs Eduard Sprangers, in: Meyer-Willner, Gerhard (Hrsg.): Eduard Spranger. Aspekte seines Werks aus heutiger Sicht. Mit einer bisher unveröffentlichten autobiographischen Skizze von Eduard Spranger, Bad Heilbrunn 2001, S. 61)

[96] Spranger, Eduard: März 1933, in: Die Erziehung. Monatsschrift für den Zusammenhang von Kultur und Erziehung in Wissenschaft und Leben, 8. Jg. (1933), S. 403.

1. Das Gegensatzpaar „deutsch/jüdisch" bei Eduard Spranger

aus, hält den „Kampf gegen die Juden" aber „in gewissem Sinne" für notwendig.[97]

Weder in der NS-Zeit noch danach sind – außer in dem bereits erwähnten Brief von 1941 – kritische Stellungnahmen zur Verfolgung und Ermordung der Jüdinnen und Juden zu finden. Vielmehr beteiligte Spranger sich punktuell sogar an der Durchsetzung antisemitischer Gesetze. Nach seiner Rückkehr aus Japan übernahm er z. B. wieder den Vorsitz der Berliner Goethe-Gesellschaft. In einem Brief vom 14. April 1938 schreibt er dazu: „Ich werde nun wieder Vorsitzender der Ortsgruppe der Goethegesellschaft. Es beginnt wohl oder übel damit, dass ich die Juden herauskomplimentieren muss. Denn da kann jetzt kein Zweifel mehr sein."[98] Spätestens Anfang der 1940er Jahre wusste Spranger über die „Methoden, einen Teil der Bevölkerung loszuwerden" bescheid, wie aus einem Brief aus dem September 1942 hervorgeht.[99]

Die rassistischen Ansichten Sprangers im Allgemeinen kommen in seinem Artikel „Zur geistigen Lage der Gegenwart" (1930) im Abschnitt über den Verfall der Großstädte zum Ausdruck:

„Ob man New York oder Paris, Berlin oder Rio de Janeiro sieht, – überall nicht nur der gleiche beengte Grundtypus des Daseins, sondern dieselbe merkwürdige Rückkehr in das Primitive und Niggerhafte, dieselbe Passivität im eigentlich Ethisch-Kulturellen, bei scheinbar aufs Höchste gesteigerter Leistungskraft."[100]

Nach 1945 kommen Sprangers antisemitische Ressentiments vor allem in einem Bericht zu seinen Erlebnissen in Berlin unmittelbar nach Kriegsende zum Ausdruck: „Johannes R. Becher kam mit einem jungen, stark jüdisch sprechenden

---

[97] Eduard Spranger an Käthe Hadlich, 2.5.1924, in: Martinsen, Sylvia / Sacher, Werner (Hrsg.): Eduard Spranger und Käthe Hadlich. Eine Auswahl aus den Briefen der Jahre 1903–1960, Bad Heilbrunn 2002, S. 237.

[98] Eduard Spranger an Käthe Hadlich, 14.4.1938, in: Martinsen, Sylvia / Sacher, Werner (Hrsg.): Eduard Spranger und Käthe Hadlich. Eine Auswahl aus den Briefen der Jahre 1903–1960, Bad Heilbrunn 2002, S. 323 f.

[99] Spranger an Käthe Hadlich, 21.9.1942, zitiert nach: Himmelstein, Klaus: Eduard Sprangers Bildungsideal der „Deutschheit" – Ein Beitrag zur Kontingenzbewältigung in der modernen Gesellschaft?, in: Auernheimer, Georg / Gstettner, Peter (Red.): Pädagogik in multikulturellen Gesellschaften (Jahrbuch für Pädagogik 1996), Frankfurt am Main / Berlin / Bern / New York / Paris / Wien 1996, S. 196.

[100] Spranger, Eduard: Zur geistigen Lage der Gegenwart (1930), in: Spranger, Eduard: Gesammelte Schriften, Band V: Kulturphilosophie und Kulturkritik, herausgegeben von Hans Wenke, Tübingen / Heidelberg 1969, S. 217.

II. Staatspädagogik

Adlatus zu mir (...)."[101] Und weiter: „Etwa eine Woche später kam ein jüdischer Unteroffizier, um mich nach Wannsee abzuholen."[102] Im Übrigen war der Holocaust nicht einmal Thema in Sprangers diversen Rückblicken auf die NS-Zeit.

„War Spranger Antisemit?", fragen sich selbst die Herausgeber des Spranger–Hadlich-Briefbands und folgern, wenn auch sehr zurückhaltend:

> *„Die Antwort auf diese Frage ist abhängig vom Begriff des Antisemitismus, den man zugrunde legt. Wenn man zum Phänomenbereich des Antisemitismus auch das Tolerieren und Übernehmen judenfeindlicher Äußerungen und das öffentliche Schweigen zu judenfeindlichen Handlungen rechnet, dann war Spranger sicher nicht frei davon."* [103]

2. Die „deutsche Seele": Zentrales Element der deutschnationalen Ideologie Sprangers

Wie bereits in der Einleitung erwähnt, stand Spranger zur Zeit der Weimarer Republik der Deutschen Volkspartei (DVP) und der Deutschnationalen Volkspartei (DNVP) nahe. Überhaupt verkörpert Spranger sozusagen den Prototyp des deutschnationalen Bildungsbürgers der ersten Hälfte des 20. Jahrhunderts. Im Mai 1924 schreibt er in einem Brief:

> *„Der Staat, den ich bejahe, ist der Staat der Ordnung, also auch der Unterordnung, der Pflicht und der national-kulturellen Selbstbehauptung Diesem Gedanken am nächsten stehen die Deutschnationalen."* [104]

In einer Rede zum Jahrestag der Reichsgründung fordert Spranger, den „Sinn des Deutschtums als die höchste Erfüllung der Menschheitsidee selber zu begreifen."[105] Und er führt aus:

> *„Deutschheit, Griechheit und Menschheit erscheinen als eine große Identität. Aber der Historiker muss fühlen, wie der Grundton in diesem Akkord doch*

---

[101] Spranger, Eduard: Die Universität Berlin nach Kriegsende 1945 (1945/1953), in: Spranger, Eduard: Gesammelte Schriften, Band X: Hochschule und Gesellschaft, herausgegeben von Walter Sachs, Tübingen / Heidelberg 1973, S. 276.

[102] Ebenda, S. 291.

[103] Martinsen, Sylvia / Sacher, Werner (Hrsg.): Eduard Spranger und Käthe Hadlich. Eine Auswahl aus den Briefen der Jahre 1903–1960, Bad Heilbrunn 2002, S. 419.

[104] Eduard Spranger an Käthe Hadlich, 2.5.1924, in: Martinsen, Sylvia / Sacher, Werner (Hrsg.): Eduard Spranger und Käthe Hadlich, Bad Heilbrunn 2002, S. 237.

[105] Spranger, Eduard: Der Anteil des Neuhumanismus an der Entstehung des deutschen Nationalbewusstseins (1923), in: Spranger, Eduard: Volk, Staat, Erziehung. Gesammelte Reden und Aufsätze, Leipzig 1932, S. 37.

2. Die „deutsche Seele"

eben die Deutschheit *ist. Sonst wäre das alles wie ein unbegreiflicher Landesverrat.*"[106]

Zwar stellt Spranger klar, dass nach seiner Auffassung Chauvinismus und politischer Imperialismus nicht zu einem „gesunden Volksbewusstsein" gehören,[107] schreibt aber an anderer Stelle im selben Sammelband:

„Zukunftsreich ist die Besiedlung unbebauten oder freigewordenen Bodens mit gesundem Bauerntum, besonders im Osten, wo die kolonisatorische Kraft des Deutschtums in Gefahr war, zu erschlaffen."[108]

1932 betont Spranger in seiner Schrift „Männliche Jugend" völkisch orientiert nicht nur, dass das Volk das „größte soziale Lebensgebilde"[109] sei – indirekt gegen den Begriff der Völkerfamilie gerichtet –, sondern auch, dass die Jugend mit „ihrem Blut" für Volk und Nation einsteht bzw. einstehen soll.[110] Im Vorwort zu seinem Sammelband „Volk, Staat, Erziehung" heißt es 1932:

„Wir sind den dritten Weg gegangen, den Weg einer schlechten Selbstverleugnung. Wir haben mit dem gebrochen, was wir sind: deshalb haben wir keine Kraft, zu werden. Der tiefe Bruch in der Volksseele ist schlimmer als der innere Zusammenbruch. Wir müssen uns wieder finden, noch ehe der Tag des neuen Deutschland emporsteigt. Wir müssen die alte Wahrheit verknüpfen mit der neuen, oder mutig mit der alten untergehen. Wenn wir hoffen, dass ein fremdes Land, sei es Amerika oder gar Russland, uns zu unserer Wahrheit führen könne – welch ein Selbstbetrug! Nur wenn wir die deutsche Wahrheit leben können, die neue, die wir uns selbst erkämpft haben, werden wir überhaupt leben können. Erborgte Wahrheit hält kein Volk zusammen!"[111]

Im Artikel „Volkskenntnis, Volksbildung, Volkseinheit" (1930) führt Spranger in Anlehnung an die „Blut und Boden"-Ideologie der Nazis – bei ihm kommt allerdings als weiterer bestimmender Faktor noch der „Geist" dazu – aus:

---

[106] Ebenda, S. 42.

[107] Spranger, Eduard: Über Erziehung zum deutschen Volksbewusstsein (1924), in: Spranger, Eduard: Volk, Staat, Erziehung. Gesammelte Reden und Aufsätze, Leipzig 1932, S. 61 f.

[108] Spranger, Eduard: Gegenwart (1932), in: Spranger, Eduard. Volk, Staat, Erziehung. Gesammelte Reden und Aufsätze, Leipzig 1932, S. 205.

[109] Spranger, Eduard: Männliche Jugend (1932), in: Spranger, Eduard: Gesammelte Schriften, Band IV: Psychologie und Menschenbildung, herausgegeben von Walter Eisermann, Tübingen / Heidelberg 1974, S. 230 f.

[110] „Die uralte Volksanschauung, dass die Jugend mit ihrem Blut für das Volk – und das handlungsfähige Volk ist der Staat –, dass sie mit der ganzen Existenz für ihn eintritt, wird aus einer gesunden Nation nie verschwinden." (Ebenda, S. 250)

[111] Spranger, Eduard: Vorwort (1932), in: Spranger, Eduard: Volk, Staat, Erziehung. Gesammelte Reden und Aufsätze, Leipzig 1932, S. VI.

II. Staatspädagogik

> *„Der Volkszusammenhang wurzelt im* Blut: *nur wo gesunde Kinder geboren werden und geboren werden können, hat das Volk eine Zukunft. Diese Naturgrundlage kann durch keine noch so hohe Geistigkeit ersetzt werden. Der Mensch muss den Willen haben – nicht nur, dass irgendwer den Heimatboden besiedele, sondern dass es* sein *Blut und damit* sein *Geist sei, der sich in der Welt fortpflanze."* [112]

„Volk" bedeutet für Spranger – unter Berufung auf Fichte – ein „überindividuelles Lebensgewebe", das durch die vier Faktoren „Blut, Arbeit, Ordnung Gläubigkeit" zusammengehalten wird. „Volkserziehung" müsse dementsprechend „die Körperkraft des Einzelnen (…) pflegen, (…) den Fortpflanzungswillen (…) schützen" und für die „Gesunderhaltung" des Volkes im Sinne eines Organismus sorgen; denn: „Volk und Volkskultur leben nur, solange sie im wörtlichsten Sinne durchblutet sind."[113] Im gleichen Artikel stellt Spranger auch klar, was für ihn den „deutschen Geist", die „deutsche Seele" ausmacht:

> *„Der deutsche Geist ist stets im Werden, stets im Wandern. Weniger als irgendeinem Volk genügen uns fest gewordene Formen. Uns treibt immer irgendeine ungestillte Sehnsucht, ein faustischer Drang zum Höheren und Besseren. Aber was uns da treibt, ist nicht bloß ein Jenseitiges und Unerreichtes. Es ist das Suchen nach uns selbst, nach dem unendlichen Reichtum der deutschen Seele. So also schenkt die Wanderung uns schließlich nichts anderes als die Heimkehr zu uns selbst, das Deutsche in der eigenen Brust, damit aber – die unauslöschlich heiße Liebe zu unserem Volk"* [114]

Und weiter: „Es ist nicht zuviel gesagt, wenn wir behaupten, der deutsche Geist und nur der deutsche Geist, bedeute den sichersten Schutz vor der Imperialisierung der Welt."[115] Spranger beschließt seinen Sammelband „Volk, Staat, Erziehung" mit folgenden Bemerkungen:

---

[112] Spranger, Eduard: Volkskenntnis, Volksbildung, Volkseinheit (1930), in: Spranger, Eduard: Volk, Staat, Erziehung. Gesammelte Reden und Aufsätze, Leipzig 1932, S. 138.
An anderer Stelle heißt es: „Das Volk ist das größte Lebensgebilde, das wir kennen: Es reicht durch die Verhältnisse der Blutsverwandtschaft tief in die Naturschicht hinab und ist gerade dadurch zugleich Träger der feinsten, am wenigsten rationalisierbaren Geistesgehalte." (Spranger, Eduard: Männliche Jugend (1932), in: Spranger, Eduard: Gesammelte Schriften, Band IV: Psychologie und Menschenbildung, herausgegeben von Walter Eisermann, Tübingen / Heidelberg 1974, S. 230)

[113] Spranger, Eduard: Volkskenntnis, Volksbildung, Volkseinheit (1930), in: Spranger, Eduard: Volk, Staat, Erziehung. Gesammelte Reden und Aufsätze, Leipzig 1932, S. 138 ff.

[114] Ebenda, S. 152. Vgl. auch: Spranger, Eduard: Lebensformen. Geisteswissenschaftliche Psychologie und Ethik der Persönlichkeit (1921), Tübingen 1950, S. 390 f.

[115] Spranger, Eduard: Die Erziehung zum deutschen Volksbewusstsein (1924), in: Spranger, Eduard: Volk, Staat, Erziehung. Gesammelte Reden und Aufsätze, Leipzig 1932, S. 69.

> *„Dieser neue Typus* [des „deutschen homo politicus"] *kann nur entstehen, wo die Frontkämpfergeneration als Erziehergeneration vorangeht. Er wird volksverbunden und lebenskundig sein (...). Er wird zum Dienen bereit sein (...). Er wird den Glauben haben, dass seinem Volke eine kulturelle Zukunftsmission gesetzt ist, nicht im Dienste bloß zeitlicher Güter, sondern gottgewollter sittlicher Werte. Sein Glaube wird also religiös sein. Und eben deshalb wird sein Herrschen ein ewiges Dienen sein, ganz in der Sitte alter, unvergänglicher Ordensrittergedanken. (...) Und wenn er sich als deutsch fühlt, (...) wird er sein Deutschtum als Verpflichtung gegenüber der Menschheit und der Welt auffassen."* [116]

„Am deutschen Wesen soll die Welt genesen", das ist im Kern Sprangers Position. Damit will Spranger der wilhelminischen großdeutschen Politik den Fortbestand in der Weimarer Republik und darüber hinaus sichern.

3. Staat und Militär

Sprangers Postulat von der „freien" Unterordnung unter den Staat und die Vorstellung vom Militär als Erziehungsinstanz ziehen sich durch sein gesamtes Werk. Bereits in einem Vortrag 1916 betont er: „Der Staat ist Sittlichkeit in der Form der kollektiven Machtentfaltung."[117] Und er fährt fort:

> *„Denn in der freiesten Form kommen durch ihn* [den sich sozial verantwortlich fühlenden Erziehungsgeist der Gesellschaft] *doch zwei große Interessen des Staates zum Ausdruck: die Hebung der Wehrkraft und die Erziehung zur Wehrpflicht: sie sind es, die die Jugend zum Eigentum des Staates machen."* [118]

Noch deutlicher wird Spranger 1930:

> *„Der Krieger, der das Dasein opfert, tut es nicht des Krieges und des bloßen Opferns willen; sondern: ‚Deutschland muss leben, auch wenn wir sterben müssen'."* [119]

---

[116] Spranger, Eduard: Gegenwart (1932), in: Spranger, Eduard: Volk, Staat, Erziehung. Gesammelte Reden und Aufsätze, Leipzig 1932, S. 210.

[117] Spranger, Eduard: Das humanistische und das politische Bildungsideal im heutigen Deutschland (1916), in: Spranger, Eduard: Volk, Staat, Erziehung. Gesammelte Reden und Aufsätze, Leipzig 1932, S. 14.

[118] Ebenda, S. 29.

[119] Spranger, Eduard: Wohlfahrtsethik und Opferethik in den Weltentscheidungen der Gegenwart (1930), in: Spranger, Eduard: Volk, Staat, Erziehung. Gesammelte Reden und Aufsätze, Leipzig 1932, S. 112.

II. Staatspädagogik

Im September 1932 warnt Spranger noch vor „blinder Gefolgschaft" und vor „Kadavergehorsam"; dieser könne „niemals ein sittlicher Wert" sein. Er schreibt: „Selbst die unbedingte militärische Disziplin setzt in unsern Tagen voraus, dass man zuvor zu der Idee, der eine Armee dient, frei und innerlich Ja gesagt hat."[120] Damit sind für Spranger aber in keinesfalls Warnungen vor einem Dienst in der Reichswehr gemeint. Denn die „Idee" des NS-Regimes, der die Reichswehr bald darauf als „Wehrmacht" dient, scheint Spranger „frei und innerlich" zu bejahen. In seinem Aufsatz „März 1933", der nur sechs Monate später erschien, schreibt er:

> *„Erst jetzt ist das Kriegserlebnis in der Generation, der er zum entscheidenden Schicksal wurde, innerlich verarbeitet, so dass das Lied des deutschen Dichters sich zum Ruhm der Helden und zur männlichen Totenklage aufzuschwingen wagt. So ist es denn nicht zufällig ein militärischer Geist, der die neu entstehenden Erziehungsideale bis in die äußere Terminologie hinein bestimmt (...). In Deutschland hat es vor dem Kriege zwei Höchstformen der Ausbildung für Nation und Staat gegeben: die Hochschulen und die auf der allgemeinen Wehrpflicht beruhenden Armee. (...) Die (...) höchste Aufgabe* [der Armee] *ist es, eine große Masse mit einem einheitlichen Willen zu durchseelen, sie als Masse doch durchzugliedern und aktionsfähig zu machen (...). Führte die Universität den einzelnen durch Freiheit zur Zucht und Selbstbeherrschung so führte die Armee durch den ‚Dienst' zum rechten Befehlen und zur vollendeten Willensdisziplin. Beide Wege sind so notwendig, wie einem Volke auf der einen Seite* Wahrheit und Recht, *auf der anderen* Einordnung und Macht *notwendig sind. (...)* Wehrhaftmachung der deutschen Jugend *ist ein hohes, von allen Erziehungsinstanzen zu bejahendes Ziel."* [121]

In seinem Aufsatz „Der politische Mensch als Bildungsziel" (1934) definiert Spranger seine Vorstellung eines „staatstragenden Menschens": „Seine älteste und sinnfälligste Ausprägung ist der kriegerische Mensch (der militärische Mensch). In ihm konzentriert sich der Staatswille, der durch ihn hindurchlebt, auf die staatliche Machtauswirkung im Kampf." Und Spranger lobt den „Humanismus" der

---

Vgl. auch Spranger, Eduard: Lebensformen. Geisteswissenschaftliche Psychologie und Ethik der Persönlichkeit (1921), Tübingen 1950, S. 183.

[120] Spranger, Eduard: Gegenwart (1932), in: Spranger, Eduard: Volk, Staat, Erziehung. Gesammelte Reden und Aufsätze, Leipzig 1932, S. 196.

[121] Spranger, Eduard: März 1933, in: Die Erziehung. Monatsschrift für den Zusammenhang von Kultur und Erziehung in Wissenschaft und Leben, 8. Jg. (1933), S. 403 ff.

Schon kurz zuvor hatte Spranger gefordert: „Das zweite, was in einem solchen politisch-pädagogischen Ausnahmezustand gestärkt werden muss, ist der Wehrwille. Wehr ist zunächst Abwehr, und diese ist nichts als Wille zur Freiheit." (Spranger, Eduard: Gegenwart (1932), in: Spranger, Eduard: Volk, Staat, Erziehung. Gesammelte Reden und Aufsätze, Leipzig 1932, S. 203)

3. Staat und Militär

Spartaner: „Eiserner Staatsdienst, Kriegstüchtigkeit, Aufgehen des Einzelnen im politischen Ganzen".[122]

1938 schreibt er weiter: „Schon Luther hatte den Standpunkt vertreten, das christliche Volk müsse unter Umständen auch eine schlechte Obrigkeit als von Gott geschickt hinnehmen."[123] Im selben Jahr lobt Spranger die Programmrede von Kaiser Wilhelm II. anlässlich der preußischen Schulkonferenz von 1890. In dieser Rede wird die Erziehung der Jugend zu jungen Deutschen (statt zu Griechen und Römern) gefordert, die Erziehung zur Gesundheit des Nachwuchses und somit zur Wehrhaftigkeit der Nation. Postuliert wird außerdem, „für Deutschland moralische und politische Eroberungen [zu] machen, wie sie der neuen Stellung des Reiches in Weltpolitik und Weltwirtschaft" entsprächen.[124]

Auch der bereits begonnene Zweite Weltkrieg bereitet Spranger zunächst keine Sorgen: „Um so mehr freuen wir uns des erprobten Ethos, das unsre Armee verkörpert, und wünschen ihm Festigkeit in allen noch zu erwartenden Stürmen."[125] Spranger wurde am ersten Kriegstag als Heerespsychologe eingezogen; so konnte er die Umsetzung seiner theoretischen Ansätze in der Praxis beobachten. Die Wehrmachts-Dienststelle für Personalprüfung brachte Spranger „längst ein freundschaftliches Interesse" entgegen.[126] Noch nach Kriegsende berichtet Spranger gern über diese „drei Monate Dienst", in denen er „die sehr interessanten Auslese-

---

[122] Spranger, Eduard: Der politische Mensch als Bildungsziel, in: Die Erziehung. Monatsschrift für den Zusammenhang von Kultur und Erziehung in Wissenschaft und Leben, 9. Jg. (1934), S. 68 f.

[123] Spranger, Eduard: Die Epochen der politischen Erziehung in Deutschland, in: Die Erziehung. Monatsschrift für den Zusammenhang von Kultur und Erziehung in Wissenschaft und Leben, 13. Jg. (1938), S. 155.

[124] Ebenda, S. 159.

[125] Eduard Spranger an Martin Steilmann, 13.4.1940, in: Spranger, Eduard: Gesammelte Schriften, Band VII: Briefe 1901–1963, herausgegeben von Hans Walter Bähr, Tübingen / Heidelberg 1978, S. 196.

[126] Spranger, Eduard: Ein Professorenleben im 20. Jahrhundert (1953), in: Spranger, Eduard: Gesammelte Schriften, Band X: Hochschule und Gesellschaft, herausgegeben von Walter Sachs, Tübingen / Heidelberg 1973, S. 353.

In der Festschrift zu Sprangers 60. Geburtstag heißt es dann auch: „Das Personalprüfwesen des Heeres fügt sich dankbar in die Reihe der Gratulanten ein. Es geschieht dies nicht nur, weil Professor Dr. Eduard Spranger als Regierungsrat der Reserve dem Personalprüfwesen angehört, sondern auch, weil die im Heere angewandte Charakterologie durch den Jubilar viele Anregungen erhalten hat. Seine ‚Lebensformen' und seine ‚Psychologie des Jugendalters' sind grundlegende Bücher für jeden Heerespsychologen geworden, gleichgültig, ob er in seiner Grundmethode geisteswissenschaftlich oder naturwissenschaftlich eingestellt ist. Den genauen Beweis hierfür liefert die folgende Arbeit, die Oberregierungsrat Dr. Oelrich im Auftrage der Inspektion des Personalprüfwesens des Heeres im O.K.H. dem verdienten Jubilar gewidmet hat. von Voss,

II. Staatspädagogik

methoden kennen gelernt" hatte und schließlich „zu der Höhe eines ‚Regierungsrates der Reserve' aufgestiegen" war.

Der Gedanke vom Militär als disziplinierender „Erziehungsmacht" hat für Spranger auch nach 1945 nicht an Bedeutung verloren. So schreibt er 1959:

> *„Man erschrecke nicht, wenn ich den Rat gebe, bei den Versagern, die sich nicht selbst disziplinieren können, gelegentlich auf den militärischen Stil zurückzugreifen: Mit den Leichtfertigen müssen Verantwortungen gleichsam exerziert werden. In der geschlossenen Gruppe stärkt sich auch die Kraft der Schwachen, und man wird an Ehrbegriffe gewöhnt, die das Herausspringen aus der Reihe als verächtlich erscheinen lassen."* [127]

Heute schwer begreiflich, damals aber in einen breiten gesellschaftlichen Konsens eingebettet, bekräftigt Spranger 1951 im Kontext der Debatten um die Wiederbewaffnung der Bundesrepublik: „Aber die Wehrmacht war zugegebenermaßen doch auch ein wertvolles Stück allgemeiner Volkserziehung. Das haben die ‚Gedienten' hinterher meist willig erkannt. Es war eine Erziehung *durch* den Dienst für den Dienst am Ganzen."[128] Ein zentrales Element des Denkens Sprangers behauptet sich damit über die NS-Zeit hinaus.

Generalleutnant. Dr. habil. Simoneit, Ministerialrat" (abgedruckt in: Wenke, Hans (Hrsg.): Geistige Gestalten und Probleme. Eduard Spranger zum 60. Geburtstag, Leipzig 1942, S. 185)

[127] Spranger, Eduard: Erziehung zum Verantwortungsbewusstsein (1959), in: Spranger, Eduard: Gesammelte Schriften, Band I: Geist der Erziehung, herausgegeben von Gottfried Bräuer und Andreas Flitner, Tübingen / Heidelberg 1969, S. 344.

[128] Spranger, Eduard: Grundstile der Erziehung (1951), in: Spranger, Eduard: Gesammelte Schriften, Band I: Geist der Erziehung, herausgegeben von Gottfried Bräuer und Andreas Flitner, Tübingen / Heidelberg 1969, S. 222.

Und weiter heißt es: „Es ist eine uralte Erziehungsweisheit überhaupt: die schwere Kunst des Befehlens lernt man nur durch Hindurchgehen durch Einordnung und durch selbstloses Dienen. Die höheren Rangstufen des Militärs stellen einen hervorragenden Bildungstypus von eigener Art dar: absolute Herrschaft über sich selbst, vielseitiges Wissen, eine herrliche Präzision der Sprache." (Ebenda, S. 222 f.)

Die Sprangers Meinung nach positiven Aspekte der Erziehung durch das Militär hatte er bereits 1934 hervorgehoben: „Aber jeder ist dem Staat verbunden durch den Wehrwillen, und in dieser Form des Dienstes wird, mindestens für ein jugendliches Alter, das allgemeine Dienen und Opfern für den Staat am anschaulichsten Erlebbar. (…) Das Ethos des Soldaten in Bezug auf den Staatsdienst ist bei jedem Volksgenossen im Kerne gleich zu denken. (…) Dies ist der politische Sinn des allgemeinen Wehrdienstes und Arbeitsdienstes: sie sollen sein Keimzellen der neuen Volkwerdung." (Spranger, Eduard: Der politische Mensch als Bildungsziel, in: Die Erziehung. Monatsschrift für den Zusammenhang von Kultur und Erziehung in Wissenschaft und Leben, 9. Jg. (1934), S. 76)

4. Die Diktatur, der Führer und „die Idee"

Bereits 1926 favorisiert Spranger die Idee der Diktatur[129] des „echten Führers", der die Staatsidee verkörpert, damals allerdings noch in der Person Hindenburgs. Spranger schreibt: „Diktatur ist sinnlos ohne die beschwingte Idee. (…) Wer die große Staatsidee hat, der echte Führer, soll herrschen. Auf die Idee also kommt alles an."[130] Und weiter:

> *„Wenn das deutsche Volk auf der Basis eines streng demokratischen Wahlrechts Hindenburg gewählt hat, so deshalb, weil es den besten haben wollte, den es hatte, nicht den Gewandtesten – weil es Achilleus haben wollte und nicht Odysseus. Und wer deutsche Geschichte zu lesen versteht – nicht alle können es – der wird an diesem Manne die Grundqualitäten finden, auf denen der deutsche Staatsgedanke beruht: Volkstum und Pflicht. (...) Deutsche Staatserziehung wird daher immer etwas anderes sein als Rechtskunde und Staatsbürgerkunde; sie ist in ihrer schlichtesten Form: Pflichtkunde, in ihrer höchsten Form – lassen wir Fontane reden: ,Das ist das, was mir imponiert: immer da sein, wenn Not am Mann ist. Die Kleinen von hier, trotz der ,Loyalität bis auf die Knochen', die mucken immer bloß auf aber die wirklich Vornehmen, die gehorchen, nicht einem Machthaber, sondern dem Gefühl der Pflicht. '"*[131]

Hier wird deutlich, dass Sprangers Denken von seiner geisteswissenschaftlichen Grundidee getragen wird, alle „geistlosen" Formen der Politik abzulehnen, dass aber mit Geist selbst einer Diktatur zuzustimmen und der geistvolle Führer zu akzeptieren, ja zu bewundern ist. Schon in der „Psychologie des Jugendalters" hatte er betont, dass auf Dauer „keine physische Macht besteht, wenn keine Ideen hinter ihr liegen".[132] 1932 stimmt er eine Lobrede auf Hindenburg an, die wie eine Vorlage für sein späteres Lob auf Adolf Hitler erscheint:

> *„Es war nicht leicht, dem deutschen Volk nach dem tragischen Ausgang seines gewaltigen Ringens dieses Selbstbewusstsein, diese Selbstachtung und diesen Glauben wiederzugeben. Jahrelang hat es daran nur zu sehr gefehlt. Der Mann, der diese Verzweiflung und diese Selbstwegwerfung gebannt hat, hat großes geleistet. Das Ziel hat er mit heroischer Kraftanspannung festgehalten.*

---

[129] Vgl. auch: Spranger, Eduard: Lebensformen. Geisteswissenschaftliche Psychologie und Ethik der Persönlichkeit (1921), Tübingen 1950, S. 202.

[130] Spranger, Eduard: Das deutsche Bildungsideal der Gegenwart in geschichtsphilosophischer Beleuchtung (1926), in: Spranger, Eduard: Gesammelte Schriften, Band V: Kulturphilosophie und Kulturkritik, herausgegeben von Hans Wenke, Tübingen / Heidelberg 1969, S. 62.

[131] Ebenda, S. 66.

[132] Spranger, Eduard: Psychologie des Jugendalters (1924), 23. Auflage, Heidelberg 1953, S. 190.

II. Staatspädagogik

> *Schwer ist es, auch den Weg in jeder Wendung richtig zu gehen. Denn Politik ist nicht nur Ethik des Zieles, sondern auch Kunst der Wegfindung.*"[133]

In seiner prinzipiellen Ablehnung gegen „Einseitigkeit" bringt Spranger das Kunststück fertig, auch die Hasstiraden Spenglers mit seiner Idee des „neuen Humanismus" in Einklang zu bringen. Spranger zitiert zunächst Spengler:

> *„Wir haben endlich etwas gelernt, das ich Ihnen offen nennen will: die Fähigkeit zu hassen. Wer nicht zu hassen vermag, ist kein Mann, und die Geschichte wird von Männern gemacht. Ihre Entscheidungen sind hart und grausam, und wer da glaubt, ihnen mit Verstehen und Versöhnen ausweichen zu können, der ist für Politik nicht geschaffen."* [134]

Und Spranger fährt dann selbst fort:

> *„Hier wird klar ausgesprochen, was dem Deutschen am meisten fehlt. Aber es ist vergessen hinzuzufügen, was in Deutschland immer hinzugehört hat und auch künftig nicht fehlen darf Denn was soll dies Getriebe von Macht und Technik, wenn keine Idee dahinter steckt?"* [135]

Es wäre eine unzulässige Vereinfachung, Sprangers positive Einstellung zur Diktatur eines Führers als Kern seiner Staatsidee nicht in den Kontext zu den Bedingungen zu setzen, unter denen er auch bereit wäre, sich zur Demokratie zu bekennen.[136] Er gibt eine eigenwillige Definition von Demokratie: „Durchstaatlichung der Seele und Durchseelung des Staates" sind seiner Meinung nach Kernpunkte. Es heißt:

---

[133] Spranger, Eduard: Gegenwart (1932), in: Spranger, Eduard: Volk, Staat, Erziehung. Gesammelte Reden und Aufsätze, Leipzig 1932, S. 203.

[134] Spengler, Oswald: Politische Pflichten der deutschen Jugend, München 1924, S. 21, zitiert nach: Spranger, Eduard: Das deutsche Bildungsideal der Gegenwart in geschichtsphilosophischer Beleuchtung (1926), in: Spranger, Eduard: Gesammelte Schriften, Band V: Kulturphilosophie und Kulturkritik, herausgegeben von Hans Wenke, Tübingen / Heidelberg 1969, S. 79.

[135] Spranger, Eduard: Das deutsche Bildungsideal der Gegenwart in geschichtsphilosophischer Beleuchtung (1926), in: Spranger, Eduard: Gesammelte Schriften, Band V: Kulturphilosophie und Kulturkritik, herausgegeben von Hans Wenke, Tübingen / Heidelberg 1969, S. 79.

[136] Zum Verhältnis von Staat, Demokratie und Schule schreibt Spranger 1928: „Bloße Bildung zur Freiheit gegen den Staat jedenfalls bedeutet nicht mehr Inhalt, sondern Grenzen der politischen Erziehung. Und wenn die konsequente Demokratie den Staat auf den Willen des Volkes aufbaut, so ist dieser Wille sinngemäß nicht das, was dieser oder jener will, sondern nur das, was er für den Staat will, sofern der überlegene Staatsgedanke in seiner Seele lebt, oder vielmehr das, was er unter diesen höheren ethischen Gesichtspunkten wollen soll. (…) Man muss den Staat in seine Seele hinein genommen haben, um überhaupt staatlich wollen zu können." (Spranger, Eduard: Probleme der politischen Volkserziehung (1928), in: Spranger, Eduard: Volk, Staat, Erziehung. Gesammelte Reden und Aufsätze, Leipzig 1932, S. 79)

4. Die Diktatur, der Führer und „die Idee"

„Es ist also ein wesentliches Ziel der deutschen Bildung, im Individuum den Sinn dafür zu wecken, dass der Staat mit seinen geordneten Macht- und Rechtsformen durch uns alle hindurchlebt als eine objektive Geistesmacht, die unser Wesen formt und bindet. Nicht als ein Fremdes, Äußerliches, das die besten Kräfte des Individuums schonungslos verzehrt, sondern als ein in die Seele aufgenommenes, von innen her Bejahtes, weil es die Seele adelt und erhöht. Auch hier kann man als Formel des neuen Bildungsideals die Doppelforderung stellen: Durchseelung des Staates und Durchstaatlichung der Seele. Ist dies der Sinn der Demokratie, an Stelle der seelenlosen parlamentarischen Parteitechnik, so wollen wir uns gern zur Demokratie bekehren. Und wir befinden uns damit auf Platos hohen Wegen." [137]

Diese Stellungnahme ist in erster Linie von allgemeinen Begriffen geprägt. Nicht viel deutlicher wird Spranger, wenn er 1930 vom „Adel des Volkstums" und der Wiedergeburt des deutschen Reiches als Kernpunkte seiner Grundposition spricht.[138] Anders ist das schon in folgender Passage aus dem Jahr 1932:

„Wo die Regierungsbildung (...) nach dem parlamentarischen System erfolgt, da nimmt sie den Charakter einer äußerlichen und zufälligen Rechnung an. (...) Häufige Wahlen nach diesem System sind das gefährlichste Mittel zur Volksverhetzung und Volksdemoralisierung das es gibt. (...) Wenn je die Ungeeignetheit eines politischen Systems experimentell erwiesen worden ist, so ist auf diese Weise der Parlamentarismus in Deutschland widerlegt worden." [139]

---

[137] Spranger, Eduard: Das deutsche Bildungsideal der Gegenwart in geschichtsphilosophischer Beleuchtung (1926), in: Spranger, Eduard: Gesammelte Schriften, Band V: Kulturphilosophie und Kulturkritik, herausgegeben von Hans Wenke, Tübingen / Heidelberg 1969, S. 101 f.
1932 formuliert Spranger ähnlich: „Das aber ist ein weittragend Neues, wenn man den Imperativ an den einzelnen richtet: ‚Werde Staat.' Denn diese Geburt eines höheren Geistigen der für sich seienden Seele besteht (…) darin, eine vielgegliederten Volksordnungen mit zu tragen, die in einem einheitlichen Staatswillen ihre letzte Bewusstheit und Handlungsfähigkeit entfalten sollen. (…) Dieses stete Sein und Leben ist unendlich schwer. Die Erziehung dazu ist also gar keine Erziehung, die gleich mit Staatsbegriffen anfinge, sondern ein Appell an den ganzen Menschen, niemals nur Privatmensch zu sein, sondern täglich im Kleinsten wie im Größten die nationale Verantwortlichkeit zu fühlen." (Spranger, Eduard: Gegenwart (1932), in: Spranger, Eduard: Volk, Staat, Erziehung. Gesammelte Reden und Aufsätze, Leipzig 1932, S. 198)

[138] Vgl. auch: Spranger, Eduard: Die männliche Jugend und die Politik (1930), Band VIII: Staat, Recht und Politik, herausgegeben von Hermann Josef Meyer, Tübingen / Heidelberg 1970, S. 201 und 205.

[139] Spranger, Eduard: Gegenwart (1932), in: Spranger, Eduard: Volk, Staat, Erziehung. Gesammelte Reden und Aufsätze, Leipzig 1932, S. 191 ff.

II. Staatspädagogik

Was Spranger aber meint, wenn er „auf Platos hohen Wegen" voranschreiten will, wird an Stellen deutlich, an denen er voll Bewunderung über den von Platon entworfenen Aristokratie-Staat spricht:

> *„Wir wollen, was das Wort Aristokratie ursprünglich besagt, eine* Herrschaft der Besten; *(...) eine Herrschaft derer, denen das ganze Dasein eine Wehrpflicht für den Staat bedeutet..."* [140]

---

[140] Spranger, Eduard: Schule und Lehrerschaft 1813/1913. Rede, gehalten im Leipziger Lehrerverein, Leipzig 1913, zitiert nach: Himmelstein, Klaus: „Wäre ich jung, wäre ich Nationalsozialist...". Anmerkungen zu Eduard Sprangers Verhältnis zum deutschen Faschismus, in: Keim, Wolfgang (Hrsg.): Erziehungswissenschaft und Nationalsozialismus – Eine kritische Positionsbestimmung (Forum Wissenschaft, Studienheft Nr. 9), Marburg 1990, S. 44.

III. Sprangers politische Positionierung zu NS-Diktatur und „zweiter Schuld"

Im März 1933 begrüßt Eduard Spranger den NS-Staat und hebt dabei den „großen *positiven* Kern der nationalsozialistischen Bewegung"[141] hervor. 1938 rühmt er Adolf Hitler für seinen „wesentlichsten Verdienst", nämlich „die marxistische, sehr stark unter fremdstämmigem Einfluss gelangte Arbeiterschaft wieder national"[142] gemacht zu haben. Nach 1945 kommt Spranger zu dem Schluss, „dass es nicht der Nationalsozialismus war, der in die Katastrophe geführt hat, sondern ganz eigentlich der Hitlerismus."[143] Ein „öffentliches ‚Wühlen' in der Schuld" lehnt er ab.[144] Es sind jedoch nicht „nur" diese wenigen Passagen, die zu kritisieren sind, sondern die Summe positiver Äußerungen Sprangers zur NS-Diktatur zwischen 1933 und 1945 und danach.

Eine historische Einordnung Sprangers kann jedoch nicht erfolgen, ohne wenigstens knapp zu skizzieren, wie Deutschland unmittelbar vor dem März 1933 und bis 1944/1945 durch das Bündnis zwischen Hindenburg und Hitler, zwischen Deutschnationalen und der NSDAP geprägt war. Die Vorstellung von einer Alleinherrschaft der NSDAP, die durch die spätere alleinige Existenz der Nazipartei genährt wird, ist historisch nicht haltbar.

Es war keinesfalls nur 1932/1933 so, dass die politische Macht in Deutschland durch das parteipolitische Bündnis von Deutschnationalen und NSDAP (beim Ermächtigungsgesetz sogar bis hin zur Zentrumspartei) im Sinne des NS-Faschismus stabilisiert wurde. Das Bündnis der SA-Schläger auf der Straße mit den Eliten in Universität, Politik und Verwaltung, v. a. aber auch beim Militär, spielte eine entscheidende Rolle bei der umfassenden Sicherung der Macht der NSDAP.

Nur in diesem Kontext wird verständlich, dass sich Spranger, der nie Mitglied der NSDAP war, so vehement für Hitler und damit für die Koalition zwischen Deutschnationalen und NSDAP ausgesprochen hat. Für Spranger gab es immer das

---

[141] Spranger, Eduard: März 1933, in: Die Erziehung. Monatsschrift für den Zusammenhang von Kultur und Erziehung in Wissenschaft und Leben, 8. Jg. (1933), S. 403.

[142] Spranger, Eduard: Die Epochen der politischen Erziehung in Deutschland, in: Die Erziehung. Monatsschrift für den Zusammenhang von Kultur und Erziehung in Wissenschaft und Leben, 13. Jg. (1938), S.164.

[143] Spranger, Eduard: Fünf Jugendgenerationen 1900–1949 (1950), in: Spranger, Eduard: Gesammelte Schriften, Band VIII: Staat, Recht und Politik, herausgegeben von Hermann Josef Meyer, Tübingen / Heidelberg 1970, S. 341.

[144] Spranger, Eduard: Die Frage der deutschen Schuld (1946), in: Spranger, Eduard: Gesammelte Schriften, Band VIII: Staat, Recht und Politik, herausgegeben von Hermann Josef Meyer, Tübingen / Heidelberg 1970, S. 267.

III. Sprangers politische Positionierung zu NS-Diktatur und „zweiter Schuld"

Prinzip einer kleinen Distanz zur NSDAP, begründet sowohl in einem gegen das einseitig „Nordische" gerichteten Festhalten an der antiken griechischen Philosophie[145] als auch durch seine deutliche Einbindung in protestantische Grundideen.

In Sprangers Briefen aus der NS-Zeit finden sich auch einige wenige kritische Bemerkungen in Bezug auf die NS-Diktatur. Er schreibt von einem „nationalsozialistischen Staatsstreich"[146] und spricht sich gegen die „Ewigkeit der Partei" aus.[147] Und für Spranger ist das Volk noch 1933 nicht der höchste Maßstab – für ihn ist es das Göttliche, der Glaube (um daraus stets die Vaterlandsliebe zu folgern).[148]

Die Reichspogromnacht, vorher von ihm mit keinem Wort erwähnt, nennt Spranger 1946 eine „raffiniert vorbereitete Judenverfolgung", für die „nachweislich auch die Hitlerjugend" aufgeboten wurde. Und trotz „allen Grübelns" begreift Spranger nicht, wie aus dem „deutschen Wesen", aus dem „Deutschland Kants und Goethes (…) so viel Verblendung und Verbrechersinn (…) hervor kommen konnte".[149]

Wenn mit Recht auf die Verstrickungen Sprangers in das verbrecherische System des NS-Faschismus verwiesen wird, dann greift eine Argumentation, die ihn als „waschechten Nazi" zu identifizieren versucht, jedoch zu kurz; das war er eindeutig nicht. Das lässt sich sowohl anhand seiner Schriften als auch anhand seiner Biographie belegen. Dabei bedeutet diese Feststellung aber keinesfalls eine moralische Entschuldigung von Sprangers Verhaltens während der NS-Zeit. Im Gegenteil, gerade weil er es eigentlich besser wissen konnte und auch besser wusste, wiegt aus moralischer Sicht die – nach anfänglicher Distanz – öffentliche Parteinahme für das NS-Regime umso schwerer.

---

[145] „Täglich empfinde ich bei meiner Arbeit, dass wir Deutschen ganz und gar in der gemeineuropäischen Überlieferung wurzeln. Wenn man das jetzt abschneiden will, wenn man sich auf das imaginäre Nordische zurückziehen will, so schneidet man eben die Wurzeln ab." (Eduard Spranger an Käthe Hadlich, 13.10.1934, in: Spranger, Eduard: Gesammelte Schriften, Band VII: Briefe 1901–1963, herausgegeben von Hans Walter Bähr, Tübingen / Heidelberg 1978, S. 161)

[146] Eduard Spranger an Käthe Hadlich, 12.2.1933, in: Spranger, Eduard: Gesammelte Schriften, Band VII: Briefe 1901–1963, herausgegeben von Hans Walter Bähr, Tübingen / Heidelberg 1978, S. 150.

[147] Eduard Spranger an Martin Stellmann, 13.4.1940, in: Spranger, Eduard: Gesammelte Schriften, Band VII: Briefe 1901–1963, herausgegeben von Hans Walter Bähr, Tübingen / Heidelberg 1978, S. 196.

[148] Spranger, Eduard: Die Individualität des Gewissens und der Staat (1933), in: Spranger, Eduard: Gesammelte Schriften, Band VIII: Staat, Recht und Politik, herausgegeben von Hermann Josef Meyer, Tübingen / Heidelberg 1970, S. 32 f.

[149] Spranger, Eduard: Verstrickung und Ausweg. Ein Wort über die Jugend (1946), in: Spranger, Eduard: Gesammelte Schriften, Band VIII: Staat, Recht und Politik, herausgegeben von Hermann Josef Meyer, Tübingen / Heidelberg 1970, S. 272 ff.

1. Vorgeschichte und Beginn der NS-Herrschaft: Begrüßung und Konflikte

Es ehrt Spranger, dass er nach 1949 ohne Umschweife erklärt, erst jetzt Demokrat geworden zu sein: „Zur eigentlichen Demokratie habe ich mich spät, aber mit Einsicht bekehrt."[150] Dabei bleibt allerdings offen, wann diese „Bekehrung" stattfand, worin die Einsicht bestand und was Spranger unter „eigentlicher Demokratie" versteht. Nun gibt es keinen wirklich rückblickenden Gang Sprangers durch seine Werkgeschichte, auch wenn er im Allgemeinen ein selbstkritisches Denken als wesentlichen Gesichtspunkt „innerer Freiheit" begründet hat.[151] Insbesondere über sein Verhalten in der NS-Zeit spricht er summarisch, ohne Analyse von „zwei oder drei Schönheitsflecken", die er im Gespräch mit der amerikanischen Militärbehörde nach 1945 nicht verschwiegen habe, die aber „allenfalls zu Verdachtsmomenten hätten werden können."[152]

1. Vorgeschichte und Beginn der NS-Herrschaft: Begrüßung und Konflikte

Das für die Anfangszeit der NS-Herrschaft zentrale Dokument, an dem die Beziehung Sprangers zum Nationalsozialismus untersucht werden kann, ist der in der Zeitschrift „Die Erziehung"[153] erschienene Artikel „März 1933".[154] Der Artikel beginnt wie folgt:

---

[150] Spranger, Eduard: Rückblick (ohne Jahr), in: Spranger, Eduard: Gesammelte Schriften, Band X: Hochschule und Gesellschaft, herausgegeben von Walter Sachs, Tübingen / Heidelberg 1973, S. 430.

[151] „Selbstkritik macht frei", heißt es bei Spranger an anderer Stelle (Spranger, Eduard: Der Lehrer als Erzieher zur Freiheit (1951), in: Spranger, Eduard: Gesammelte Werke, Band II: Philosophische Pädagogik, herausgegeben von Otto Friedrich Bollnow und Gottfried Bräuer, Tübingen / Heidelberg 1973, S. 331).

[152] Spranger Die Universität Berlin nach Kriegsende 1945 (1945/1953), in: Spranger, Eduard: Gesammelte Schriften, Band X: Hochschule und Gesellschaft, herausgegeben von Walter Sachs, Tübingen / Heidelberg 1973, S. 292.

[153] Spranger schreibt im November 1945 über „Die Erziehung": „Die genannte Zeitschrift versuchte unter großen Schwierigkeiten, eine Pädagogik zu vertreten, die sich von nationalsozialistischen Einflüssen frei hielt." (Eduard Spranger an Werner Schmeil, 28.11.1945, unveröffentlichter Brief, zitiert nach: Horn, Klaus-Peter: Pädagogische Zeitschriften im Nationalsozialismus. Selbstbehauptung, Anpassung, Funktionalisierung (Bibliothek für Bildungsforschung, Band 3), Weinheim 1996, S. 222)

Wie Spranger diese Aussage mit seinem hier zitierten Artikel und mit seinen anderen positiven Äußerungen zum NS-System und dessen Ideologie in Einklang bringen will, bleibt sein Geheimnis.

[154] Spranger, Eduard: März 1933, in: Die Erziehung. Monatsschrift für den Zusammenhang von Kultur und Erziehung in Wissenschaft und Leben, 8. Jg. (1933), S. 402–408. Alle in diesem Abschnitt angegebenen Seitenzahlen ohne weitere Quellenangabe beziehen sich auf diesen Aufsatz.

III. Sprangers politische Positionierung zu NS-Diktatur und „zweiter Schuld"

> *„Die großen Ereignisse, die der März 1933 für das deutsche Volk und das Deutsche Reich gebracht hat, bergen in sich die höchsten Verpflichtungen. (...) Deutschland ist aus einer langen Erschöpfungsperiode, die dem Kriege gefolgt war, endlich erwacht."* (S. 401)

Spranger begrüßt in dem Artikel, genau wie sein Wilhelm Flitner in einem Beitrag in derselben Ausgabe, die Beseitigung des Parteienstaats, die erfolgreiche Bekämpfung des Bolschewismus und die Wiederherstellung eines starken nationalen Staates. Spranger geht jedoch noch weiter. Er hebt den „Willen zur Volkwerdung" als den „großen *positiven* Kern der nationalsozialistischen Bewegung" hervor, ihren „Sinn für den Adel des Blutes und für Gemeinsamkeit des Blutes" sowie ihre „bewusste Pflege der Volksgesundheit" und ihre „Sorge für einen leiblich und sittlich hochwertigen Nachwuchs (Eugenik)". Für kritikwürdig hält er lediglich den „übersteigerten" Antisemitismus:

> *„Religiös und sittlich unterbaut ist auch der Wille zur Volkwerdung (denn ein Volk in diesem erstrebten höchsten Sinne waren wir noch nie!), der aus den Kriegserlebnissen zur Kraft geworden ist und der den großen positiven Kern der nationalsozialistischen Bewegung ausmacht, mag er heute auch für manche durch die bloß negative Seite eines übersteigerten Antisemitismus verdeckt werden. Auch der Sinn für den Adel des Blutes und für Gemeinsamkeit des Blutes ist etwas Positives. Bewusste Pflege der Volksgesundheit, Sorge für den leiblich und sittlich hochwertigen Nachwuchs (Eugenik), bodenständige Heimattreue, Wetteifer der Stämme und Stände ohne unnötige Zentralisierung an verkehrter Stelle, gehören zu den Kräften, die neu belebt sind und die in eine bessere Zukunft weisen. Eine Fülle großer Erziehungsaufgaben ist damit angedeutet."* (S. 403)

Dem Weimarer „System" lastet Spranger Materialismus, Marxismus sowie „vielverzweigte Auflösungserscheinungen" an, „die schwer unter einen Namen zu fassen sind", darunter „das vom Westen her eingedrungene Programm" einer „rein innerweltlich gerichteten Gesellschaftsreform" wie den Anspruch, „Wohlfahrt und Glückseligkeit einer demokratisch und sozialistisch nivellierten Masse heranzuführen". Dadurch sei der „wahre Volkszusammenhang immer mehr verloren" gegangen (S. 401 f.).[155]

---

[155] Hermann Josef Meyer, der Herausgeber des Bands VIII der „Gesammelten Schriften" Sprangers, kommt in seinem Nachwort trotz der hier angeführten Textstellen zu einem völlig anderen Urteil. Er unterstellt Spranger eine „positive Einstellung zur Weimarer Republik". Es heißt dort weiter: „Er steht (...) auf dem Boden des Weimarer Staates, der ‚Ehrfurcht, Treue und Hingabe' verdient; die Absicht seiner Kritik ist es, die Mängel des Systems der staatlichen Willensbildung (...) ins Bewusstsein zu rücken und die Verwirklichung eines besseren demokratischen Staates vorzubereiten." (Meyer, Hermann Josef: Nachwort, in: Spranger, Eduard:

1. Vorgeschichte und Beginn der NS-Herrschaft: Begrüßung und Konflikte

Im Weiteren beklagt Spranger das vor dem März 1933 fehlende „Bewusstsein der ungeheuren Gefährdung unserer nationalen Gesamtexistenz und des immer enger werdenden Lebensraumes" (S. 402), die „gewaltsam klein gehaltene Wehrmacht" und Eingriffe der Nachbarvölker „in unser elementarstes Lebensrecht als Volk" (S. 404), um dann schon 1933 einen erneuten Weltkrieg zu rechtfertigen:

> „*Wer wollte es uns verdenken, wenn wir (...) den Krieg nicht nur als Vergangenheit sehen, sondern die Notwendigkeit eines zweiten Aufbruches zur Verteidigung aus der gespannten Weltlage heraus vorfühlen* müssen?" (S. 404)

Spranger beschließt seinen Artikel mit der Formulierung von seiner Meinung nach gebotenen Erziehungszielen:

> „*Aber auch diese* [harte und schwere] *deutsche Erziehungsarbeit sei alles zugleich: Freiwilliger Arbeitsdienst und Arbeitsdienstpflicht, Wehrwille des Leibes und Wehrwille des Geistes, Freiheit und Bindung, Wille zur Macht und Achtung vor Recht, irdisches Bauen und demütiger Gottesdienst!*" (S. 408)

Schon vor der Ernennung Adolf Hitlers zum Reichskanzler[156] ergriff Spranger punktuell Partei für die NS-Bewegung. Als der preußische Kultusminister Adolf Grimme 1931 den Pädagogikprofessor Ernst Krieck von Frankfurt am Main nach Dortmund strafversetzte,[157] initiierte Spranger eine Protesterklärung gegen die

---

Gesammelte Schriften, Band VIII: Staat, Recht und Politik, herausgegeben von Hermann Josef Meyer, Tübingen / Heidelberg 1970, S. 417)

Diese Position lässt sich mit mehreren Äußerungen Sprangers in Frage stellen, so z. B. mit einer Stelle aus einem Brief aus der Weimarer Zeit: „Ich freue mich, dass die jungen Leute den Instinkt haben, diesen Staat nicht zu bejahen." (Eduard Spranger an Käthe Hadlich, 28.6.1929, in: Martinsen, Sylvia / Sacher, Werner (Hrsg.): Eduard Spranger und Käthe Hadlich, Bad Heilbrunn 2002, S. 272)

Himmelstein konstatiert für diesen Zeitraum: „Spranger gehörte in der Weimarer Republik zu den nationalkonservativen anti-demokratischen Machteliten, die das Ziel hatten ‚Weimar' zu überwinden und durch eine extrem autoritäre Herrschaftsform zu ersetzen. Hier verbanden sich seine politischen Interessen wie die Nationalkonservatismus in Deutschland mit denen des Nazismus." (Himmelstein, Klaus: Eduard Sprangers Bildungsideal der „Deutschheit" – Ein Beitrag zur Kontingenzbewältigung in der modernen Gesellschaft?, in: Auernheimer, Georg / Gstettner, Peter (Red.): Pädagogik in multikulturellen Gesellschaften (Jahrbuch für Pädagogik 1996), Frankfurt am Main / Berlin / Bern / New York / Paris / Wien 1996, S. 190)

[156] Schon 1931 sagt Spranger bei einem Vortrag: „Es können aber auch tiefgeistige und sehr zukunftsreiche Mächte sein, die es einmal wagen, sich gegen ein vorhandenes Staatswesen aus innerster Überzeugung aufzulehnen. Denn – keine Staatsform ist ewig." (Spranger, Eduard: Recht und Grenzen des Staates in den Bildungsaufgaben der Gegenwart (1931), in: Spranger, Eduard: Volk, Staat, Erziehung. Gesammelte Reden und Aufsätze, Leipzig 1932, S. 167)

[157] Krieck trat in den 1930er Jahren mehrfach als Redner auf Nazi-Veranstaltungen auf, wurde Anfang 1932 Mitglied der NSDAP und hatte bereits 1931 auf einer studentischen Sonnenwend-

III. Sprangers politische Positionierung zu NS-Diktatur und „zweiter Schuld"

Strafversetzung. Die Erklärung erschien 1932 in der von Spranger mit herausgegebene Zeitschrift „Die Erziehung".[158]

Ebenfalls 1932 verhinderte Spranger auf dem Hochschulverbandstag in Danzig die Verabschiedung einer von Theodor Litt vorbereiteten Erklärung gegen das Auftreten von NS-Studenten an den Hochschulen. Als Begründung gibt er rückblickend 1955 an, er habe die Protesterklärung verhindert,

> *„weil ich die Bewegung der nationalen Studenten noch im Kern für echt, nur in der Form für undiszipliniert hielt. Auch hätte es eine sehr schädliche Wirkung für die Hochschule gehabt, wenn sie sich zu der nationalen Welle, die* damals *noch viel Gesundes mit sich führte und mit heißen Erwartungen begrüßt wurde, schulmeisterlich geäußert hätte."* [159]

Spranger gehört somit zu jenen international anerkannten Erziehungswissenschaftlern (zusammen mit Herman Nohl, Peter Petersen, Erich Weniger und anderen), die sich 1933 – trotz Bedenken gegen „Übertreibungen" – dazu entschlossen, öffentlich das NS-Regime zu unterstützen.[160] Trotz sporadischer Rivalitäten mit offen nazistischen Erziehungswissenschaftlern wie Ernst Krieck und Alfred Baeumler bewiesen Spranger und andere pronazistische Erziehungswissenschaftler ihre kritische Loyalität. In einem Brief an den Vizekanzler Papen vom 30. April 1933 schreibt Spranger:

---

feier eine nazistische Rede gehalten, die mit dem Ruf „Heil dem Dritten Reich!" endete.

Vgl. dazu: Horn, Klaus-Peter: „Die Hauptsache ist, dass ein deutlicher Protest erfolgt." Die „Strafversetzung" Ernst Kriecks 1931 im Kontext, in: Jahrbuch für historische Bildungsforschung, Band 8, Bad Heilbrunn 2002, S. 289–320, insbesondere S. 303 ff.

[158] Die Erklärung wurde u. a. unterzeichnet von Alfred Baeumler, Wilhelm Flitner, Georg Kerschensteiner, Theodor Litt und Peter Petersen (siehe: Spranger, Eduard u. a.: Erklärung zum Fall Krieck, in: Die Erziehung. Monatsschrift für den Zusammenhang von Kultur und Erziehung in Wissenschaft und Leben, 7. Jg. (1932), S. 192–193).

Vgl. dazu auch: Meyer-Willner, Gerhard: Eduard Spranger und die Lehrerbildung. Die notwendige Revision eines Mythos, Bad Heilbrunn 1986, S. 195 ff.

[159] Spranger, Eduard: Mein Konflikt mit der nationalsozialistischen Regierung 1933, in: Universitas. Zeitschrift für Wissenschaft, Kunst und Literatur, 10. Jg. (1955), Heft 5, S. 457.

Zur Erklärung zum Fall Krieck und zur Verhinderung der Protesterklärung siehe auch: Himmelstein, Klaus: „Wäre ich jung, wäre ich Nationalsozialist...". Anmerkungen zu Eduard Sprangers Verhältnis zum deutschen Faschismus, in: Keim, Wolfgang (Hrsg.): Erziehungswissenschaft und Nationalsozialismus – Eine kritische Positionsbestimmung (Forum Wissenschaft, Studienheft Nr. 9), Marburg 1990, S. 47 f.

[160] Zur Unterstützung der genannten Erziehungswissenschaftler für das NS-Regime siehe: Ortmeyer, Benjamin: Mythos und Pathos statt Logos und Ethos. Zu den Publikationen führender Erziehungswissenschaftler in der NS-Zeit: Eduard Spranger, Herman Nohl, Erich Weniger und Peter Petersen, Weinheim / Basel 2009.

1. Vorgeschichte und Beginn der NS-Herrschaft: Begrüßung und Konflikte

„In dieser Lage scheint es mir Pflicht, dem höchsten Beamten des Deutschen Reiches und dem Führer der nationalen Erhebung, Herrn Adolf Hitler, zu dessen großem Werk für das deutsche Volk ich mit innerster Überzeugung und Treue Ja sage, klar aussprechen zu dürfen, wie es steht." [161]

Spranger wird 1933 Mitglied im „Stahlhelm – Bund der Frontsoldaten". Dort hält er im Oktober 1933 den Vortrag „Thesen zur Beurteilung des Nationalsozialismus" und betont das ideologische Potential des Nationalsozialismus zur Schaffung eines einheitlichen nationalen Bewusstseins der Deutschen. Wörtlich heißt es: „Der Grundgedanke des Nationalsozialismus ist zu bejahen."[162] Eine weitere ausdrückliche Zustimmung zum NS-Staat findet sich in Sprangers Artikel „Der politische Mensch als Bildungsziel" von 1934:

„Das Ganze aber ist das Volk in seiner Lebendigkeit. Dazu gehört, auf Boden und geschichtlichen Schicksalen beruhend, ein höchster Macht- und Rechtsverband Staat, der vermutlich seit uralten Zeiten nie wieder so sehr aus dem Eigenleben des Volkstums hervorgegangen ist, wie es die gegenwärtige nationalsozialistische Bewegung anstrebt. Die Kernidee des Nationalsozialismus wenigstens besagt, dass dem Volk ein Lebensprimat vor dem Staat eigen sei, während die Lehre vom totalen Staat doch in einer etwas anderen Linie liegt." [163]

---

[161] Spranger an Papen, 30.4.1933, zitiert nach: Paffrath, F. Hartmut: Erziehung nach dem Faschismus, in: Meyer-Willner, Gerhard (Hrsg.): Eduard Spranger. Aspekte seines Werks aus heutiger Sicht. Mit einer bisher unveröffentlichten autobiographischen Skizze von Eduard Spranger, Bad Heilbrunn 2001, S. 79.
Spranger kommt in einem Brief vom 12.11.1932 an Käthe Hadlich, die im April 1932 der NSDAP beigetreten war, zu dem Schluss: „Wäre ich jung, wäre ich Nationalsozialist, d. h. – liefe mit, wie die Jugend glaubt, sich zu folgen, wenn sie ‚hingerissen' ist." (Martinsen, Sylvia / Sacher, Werner (Hrsg.): Eduard Spranger und Käthe Hadlich, Bad Heilbrunn 2002, S. 287)
Und in einem Brief vom 7.2.1933, ebenfalls an Käthe Hadlich: „Es war mir bitter, neulich mit dem Herzen den großen Fackelzug vor Hindenburg und Hitler nicht mitmachen zu können." (Martinsen, Sylvia / Sacher, Werner (Hrsg.): Eduard Spranger und Käthe Hadlich. Bad Heilbrunn 2002, S. 289)
Ein Teil dieses Briefs ist ebenfalls im Band VII der „Gesammelten Werke" abgedruckt. Der politisch interessante erste Teil des Briefs, aus dem hier zitiert wird, wurde dort jedoch nicht veröffentlicht.

[162] Spranger, Eduard: Thesen zur Beurteilung des Nationalsozialismus (1933), Manuskript, Spranger-Archiv Tübingen, zitiert nach: Himmelstein, Klaus: Eduard Sprangers Bildungsideal auf den Trümmern von 1945, in: Himmelstein, Klaus / Keim, Wolfgang (Hrsg.): Die Schärfung des Blicks, Frankfurt am Main / New York 1996, S. 68.

[163] Spranger, Eduard: Der politische Mensch als Bildungsziel, in: Die Erziehung. Monatsschrift für den Zusammenhang von Kultur und Erziehung in Wissenschaft und Leben, 9. Jg. (1934), S. 74.

III. Sprangers politische Positionierung zu NS-Diktatur und „zweiter Schuld"

1937 lobt Spranger in einem seiner Vorträge die „Entstehung eines tieferen Gemeinschaftsbewusstseins im Volke" als die „schönste Errungenschaft der nationalsozialistischen Bewegung".[164] Selbst die Goebbels'sche Formulierung vom „totalen Krieg" nimmt Spranger bereits 1937 vorweg:

> „Wenn der Krieg aufhört, Sache der regulären Truppen zu sein, wenn die Zukunft wirklich den ‚totalen Krieg' zu bringen droht, so gehen die Bedingungen, unter denen er stehen wird oder kann, schon im Frieden jeden Denkenden an. Da ferner ‚totaler Krieg' schon viel mehr bedeutet als nur technischer Krieg, so muss jede Kulturarbeit unter dem Gesichtspunkt betrachtet werden, wie sie im äußersten Falle die Bewährungsprobe bestehen würde."[165]

Der Kontext dafür war, dass sich Spranger von November 1936 bis November 1937 als intellektueller Repräsentant des NS-Staats im Rahmen des Anti-Komintern-Pakts in Japan aufhielt.[166] Dort hielt er als Gastprofessor über 70 Vorträge an verschiedenen Universitäten und sprach dabei über Themen wie die historische Notwendigkeit des Nationalsozialismus, die Wichtigkeit der Eugenik und der Rassenkunde, den Kulturwert der Kolonialisierung, die Bedeutung der NS-Frauenpolitik, die Bejahung der staatlichen Führung der Jugend und über den Wert des Arbeitsdienstes und der Wehrpflicht. Im Grunde setzte Spranger den NS-Faschismus mit dem Tenno-Faschismus in Japan gleich. Allein die Wahl der Themen seiner Vorträge widerlegt jeden Versuch, Sprangers Japan-Aufenthalt als „innere Emigration" darzustellen.[167]

Die Polemik Sprangers gegen den „totalen Staat" bezieht sich auf den italienischen Faschismus, von dessen Staatstheorie sich der völkische NS-Faschismus absetzte.

[164] Spranger, Eduard: Über Land und Volk Deutschlands, in: Japanisch-Deutsche Medizinische Gesellschaft (Hrsg.): Erinnerungen an die Gedenktage für Jiro Harada, den verstorbenen Gründer der Stiftung Harada-Sekizenkai, Tokio 1937, S. 34, zitiert nach: Himmelstein, Klaus: Die Konstruktion des Deutschen gegen das Jüdische im Diskurs Eduard Sprangers, in: Meyer-Willner, Gerhard (Hrsg.): Eduard Spranger. Aspekte seines Werks aus heutiger Sicht. Mit einer bisher unveröffentlichten autobiographischen Skizze von Eduard Spranger, Bad Heilbrunn 2001, S. 58.

[165] Spranger, Eduard: Die Widerstandskraft im modernen Kriege (Rezension), in: Die Erziehung, Monatsschrift für den Zusammenhang von Kultur und Erziehung in Wissenschaft und Leben, 12. Jg. (1937), S. 135 f.

[166] Der Emigrant Karl Löwith war bestürzt, als er erfuhr, dass Spranger, der ihm durch sein Rücktrittsgesuch 1933 in Erinnerung war, nun ein „offizieller Vertreter des nationalsozialistischen Deutschlands" war. Er schreibt: „Es schien, als habe Spranger doch noch jenen ‚Zugang zu der neuen Generation' gefunden; 1933 hatte er bedauert, ihn nicht zu finden." (Löwith, Karl: Mein Leben in Deutschland vor und nach 1933. Ein Bericht, Stuttgart 1986, S. 113)

[167] Siehe dazu: Tashiro, Takahiro: Affinität und Distanz. Eduard Spranger und der Nationalsozialismus, in: Pädagogische Rundschau, 53. Jg. (1999), S. 55 f.

2. Weitere Akte der Unterstützung des NS-Regimes

Das Schlüsseldokument in der Phase der Vorbereitung und des Beginns des Zweiten Weltkriegs ist der 1938 ebenfalls in der Zeitschrift „Die Erziehung" erschiene Artikel „Die Epochen der politischen Erziehung in Deutschland"[168], die schriftliche Fassung eines der Vorträge Sprangers in Japan (gehalten auf der Tagung des „Nationalsozialistischen Lehrerbunds" in Karuizawa im Juli 1937). Der Schlussteil des Vortrags, „der die gegenwärtigen Formen politischer Erziehung in Deutschland darstellte"[169] wurde beim Abdruck weggelassen, stattdessen wurde eine „Schlussbemerkung" eingefügt.[170] Die zentrale Stelle aber, die eine fortdauernde Unterstützung Eduard Sprangers für das NS-Regime deutlich macht, lautet:

> *„Das schwerste Problem, das für Deutschland nach dem verlorenen Kriege bestand, lag in der Frage: Wie gelingt es, die marxistische, sehr stark unter fremdstämmigen Einfluss gelangte Arbeiterschaft wieder national zu machen? Diese beinahe unmöglich erscheinende Leistung vollbracht zu haben ist das wesentlichste Verdienst von Adolf Hitler."*[171]

Ähnliches war auf der ersten Seite der Zeitschrift „Die Erziehung" vom April 1939 (inzwischen war Spranger alleiniger Herausgeber und Hans Wenke Schriftleiter) zu lesen:

> *„Adolf Hitler*
> *dem Oberhaupt des Großdeutschen Reiches*
> *dem Führer und Beschützer des deutschen Volkes*
> *dem Verkünder nationalsozialistischer Ideale*
> *zum fünfzigsten Geburtstag*
> *Glück und Segen"* [172]

---

[168] Spranger, Eduard: Die Epochen der politischen Erziehung in Deutschland, in: Die Erziehung. Monatsschrift für den Zusammenhang von Kultur und Erziehung in Wissenschaft und Leben, 13. Jg. (1938), S.137–164.

[169] Ebenda, S. 137, Fußnote 1.

[170] „Die tief greifenden Wandlungen, die sich in der politischen Erziehung des deutschen Volkes seit 1933 vollzogen haben, werden sich in noch schärferen Umrissen herausheben, wenn man sie auf dem Hintergrunde der hier skizzierten Vorgeschichte betrachtet. Vor allem bedeutet die Rückwendung zur weltanschaulichen Einheit des Staates einen Einschnitt von größter geschichtlicher Bedeutung, nachdem die Versuche, den Staat über die weltanschaulichen Tendenzen hinauszuwölben, nicht geglückt waren. Die zentrale Stellung, die der nationalpolitischen Erziehung schon weltanschaulich zugewiesen wird, ist ebenfalls etwas grundlegend Neues. Es beginnt also mit dem Jahre 1933 eine Epoche, die nicht aus der Vergangenheit abgeleitet werden kann, sondern als ganz eigentümliche Gesamtstruktur verstanden werden muss." (Ebenda, S. 164)

[171] Ebenda, S. 164.

[172] Die Erziehung, Monatsschrift für den Zusammenhang von Kultur und Erziehung in Wissenschaft und Leben, 14. Jg. (1939), S. 265.

III. Sprangers politische Positionierung zu NS-Diktatur und „zweiter Schuld"

In der NS-Zeit formuliert Spranger mehr oder weniger vorsichtige Anklänge an die NS-Rassenideologie,[173] unter Bezug auf Eugen Fischer. So etwa, wenn er vertritt, dass Züge des „Volkscharakters (...) mit einem Keimplasma selbst von Generation zu Generation" übertragen würden und dass „Rasse und Volk" die „realen Zeugungsgemeinschaften" seien. Entsprechend schildert Spranger die Bemühungen der Konstruktion einer „deutschen Physik" und „deutschen Mathematik".[174]

Das Volk wird hier zu einem „biologisch-geistigen Lebewesen",[175] und die Idee des Vaterlands wird noch verstärkt (sich auf Fichte berufend), nämlich dafür das „Leben zu opfern".[176] In derselben Schrift bekennt sich Spranger noch deutlicher zur Idee der „Volksgemeinschaft", einem zentralen Element der NS-Ideologie:

> *„Was wir heute Liberalismus nennen, ist ein Auflösungsprodukt, ein Anzeichen für den gefährlichen Zerfall der Volksgemeinschaft, das der Nationalsozialismus mit gesundem Sinn erkannt hat."* [177]

Dass Spranger vor dem Hintergrund seiner völkischen Ideologie unmittelbar politische Ereignisse kommentiert, ist dagegen eher selten. Eine Ausnahme macht er beim Einmarsch der Wehrmacht in Österreich, den er zu einer Art Erlösung verklärt. Spranger schreibt:

> *„Es ist gerade ein Jahr her, dass Österreich und das Reich sich wieder fanden. Als sie sich aber fanden, fühlten beide Volksteile, dass sie in einem zeitüber-*

---

[173] Zumindest eine gewisse Distanz zur rassistischen Ideologie der Nazis wird in einem Artikel Sprangers von 1934 deutlich: „Diesmal kommen die Revolutionen vom Nationalpolitischen her. Deshalb sind einige trübe Mischungen von Politik und Wissenschaft unvermeidlich. Die Aufgabe ist, sie zu klären; also z. B.: den Zusammenhang zwischen Rassebestimmtheit und Wissenschaft durch Vertiefung der Rassetheorie selbst aufzuhellen, oder zu entscheiden, ob die humanistischen Grundlagen unserer bisherigen Wissenschaft durch spezifisch germanische Elemente ersetzt werden können." (Spranger, Eduard. Der politische Mensch als Bildungsziel, in: Die Erziehung. Monatsschrift für den Zusammenhang von Kultur und Erziehung in Wissenschaft und Leben, 9. Jg. (1934), S. 78 f.)

[174] Spranger, Eduard: Wege und Ziele der Völkercharakterologie (1939), in: Spranger, Eduard: Gesammelte Schriften, Band IV: Psychologie und Menschenbildung, herausgegeben von Walter Eisermann, Tübingen / Heidelberg 1974, S. 310 f. und 321.

[175] Spranger, Eduard: Volksmoral und persönliche Sittlichkeit (1939), in: Spranger, Eduard: Gesammelte Schriften, Band V: Kulturphilosophie und Kulturkritik, herausgegeben von Hans Wenke, Tübingen / Heidelberg 1969, S. 259.

[176] Spranger, Eduard: Die Wirklichkeit der Geschichte (1936), in: Spranger, Eduard: Gesammelte Schriften, Band VIII: Staat, Recht und Politik, herausgegeben von Hermann Josef Meyer, Tübingen / Heidelberg 1970, S. 245.

[177] Spranger, Eduard: Volksmoral und persönliche Sittlichkeit (1939), in: Spranger, Eduard: Gesammelte Schriften, Band V: Kulturphilosophie und Kulturkritik, herausgegeben von Hans Wenke, Tübingen / Heidelberg 1969, S. 256.

legenen Sinne zueinander gehören und dass sie in der Welt eine untrennbar gemeinsame sittliche Aufgabe zu erfüllen haben." [178]

In einer Rezension von 1940[179] bekennt sich Spranger schließlich zur Kolonialpolitik. Er lobt den Autor der rezensierten Schrift: „Mit dem großen Werk von Becker tut die deutsche Erziehungswissenschaft ihren ersten wesentlichen Schritt über Individual-, Sozial- und Nationalpädagogik hinaus in das zukunftsreiche Gebiet der Völkerpädagogik".[180] Den Zweiten Weltkrieg sieht Spranger u. a. als „Rassenkampf"[181] und als „die größte Auseinandersetzung zwischen Kulturen und Rassen"[182]. Entsprechend bedauert er, dass sich die Darstellung Beckers auf die Zeit bis zum Ende des Ersten Weltkriegs beschränken muss.[183] Allerdings betont Spranger, dass Deutschland nun wieder in die Reihe der großen Kolonialmächte einzutreten beansprucht.[184]

3. Vorsichtige Abkehr vom NS-Regime gegen Kriegsende

In der Debatte um die Haltung Sprangers zum NS-Faschismus hat man sich auch mit Formulierungen zu befassen, in denen von „Widerstand" die Rede ist.[185] Argumentiert wird häufig mit Sprangers Rücktrittsgesuch vom April 1933 sowie mit seiner Verhaftung im September 1944. Das Rücktrittsgesuch war jedoch primär dadurch begründet, dass er sich bei der Berufung Alfred Baeumlers an die Berliner Universität übergangen fühlte.[186] Im Übrigen zog Spranger sein Rücktrittsgesuch

---

[178] Ebenda, S. 264.

[179] Spranger, Eduard: Über Herbert Theodor Beckers Werk „Die Kolonialpädagogik der großen Mächte" (Rezension), in: Die Erziehung, Monatsschrift für den Zusammenhang von Kultur und Erziehung in Wissenschaft und Leben, 15. Jg. (1940), S. 75–79.

[180] Ebenda, S. 75.

[181] „Das Ganze aber ist hineingestellt in den Rahmen der großen Rassen-, Wirtschafts- und Weltanschauungskämpfe unserer Zeit." Und weiter: „Dahinter liegt die große Rassenproblematik, die die gegenwärtige Welt bewegt. Rassenmischung wird immer mehr als bedenklich erkannt." (Ebenda, S. 75 f.)

[182] Ebenda, S. 79.

[183] Ebenda, S. 78.

[184] Ebenda, S. 76.

[185] So stellt sich Spranger auch selbst dar: „…ich (war) infolge meiner Gefängniszeit vom 8. September 1944 bis 14. September 1944 als Gegner des nationalsozialistischen Systems bekannt." (Spranger, Eduard: Die Universität Berlin nach Kriegsende 1945 (1945/1953), in: Spranger, Eduard: Band X: Hochschule und Gesellschaft, herausgegeben von Walter Sachs, Tübingen / Heidelberg 1973, S. 274)

[186] Eine „Kränkung im Amte" sei „ein letztes, affektauslösendes Accedens" für seinen Rücktritt gewesen. Weiter heißt es: „In meinem Falle geschah dies durch die plötzliche Ernennung des Professors XY [gemeint ist Alfred Baeumler] zum Professor für politische Pädagogik und

III. Sprangers politische Positionierung zu NS-Diktatur und „zweiter Schuld"

im Juni 1933 nach einem von Papen vermittelten Treffen mit Kultusminister Rust wieder öffentlich zurück.[187]

Sowohl der Rücktritt als auch die Rücknahme des Rücktrittsgesuchs hat – jenseits biographischer Motive – ein objektiv politischer Vorgang. Während die Opposition Sprangers gegen die Ernennung Baeumlers im In- und Ausland zunächst als ein Signal gewertet wurde, dass bedeutende Erziehungswissenschaftler wie Spranger oder musikalische Größen wie Furtwängler nicht bereit waren, sich dem NS-Regime unterzuordnen, hat in beiden Fällen die Rücknahme des Rücktritts umgekehrt im In- und Ausland signalisiert, dass solche Persönlichkeiten das NS-Regime als relativ vernünftig ansahen, als ein Regime, mit dem man sich arrangieren kann und arrangieren muss.[188] Es ist – historisch nachvollziehbar – ein falsches Signal gewesen, wie die weitere Entwicklung des NS-Faschismus bewiesen hat. In der Tat hat sich Spranger nach 1933 und bis 1944 weitgehend mit dem NS-Regime arrangiert, trotz unterschiedlicher Akzente in seinen Beiträgen. Dennoch: Spranger ist nie Mitglied der NSDAP geworden.

Bei seiner Verhaftung im September 1944 im Zusammenhang mit dem Attentat gegen Hitler vom 20. Juli wiederum wurde Spranger nach eigener Aussage schuldlos das Opfer eines politischen Verdachts. Dafür spricht auch, dass Spranger nach nur zehn Wochen wieder aus der Haft entlassen wurde und sofort im Anschluss seine Lehrtätigkeit an der Berliner Universität bis zum Kriegsende wieder aufnehmen konnte.

Hintergrund der Verhaftung war Sprangers Mitgliedschaft in der so genannten „Mittwochs-Gesellschaft" (eigentlich „Freie Gesellschaft für wissenschaftliche Unterhaltung").[189] Zu den Mitgliedern gehörten neben Spranger so-

---

durch die Begründung eines Instituts für politische Pädagogik an der Universität Berlin, zwei Maßnahmen, von denen mir vorher keinerlei Andeutung gemacht wurde." (Spranger, Eduard: Mein Konflikt mit der nationalsozialistischen Regierung 1933, in: Universitas. Zeitschrift für Wissenschaft, Kunst und Literatur, 10. Jg. (1955), Heft 5, S. 461)

[187] Siehe dazu auch: Himmelstein, Klaus: „Wäre ich jung, wäre ich Nationalsozialist…". Anmerkungen zu Eduard Sprangers Verhältnis zum deutschen Faschismus, in: Keim, Wolfgang (Hrsg.): Erziehungswissenschaft und Nationalsozialismus – Eine kritische Positionsbestimmung (Forum Wissenschaft, Studienheft Nr. 9), Marburg 1990, S. 50 f.

[188] Zu den Reaktionen auf Sprangers Rücktrittsgesuch siehe: Eisermann, Walter: Zur Wirkungsgeschichte Eduard Sprangers – Dargestellt an Reaktionen auf sein Rücktrittsgesuch im April 1933, in: Eisermann, Walter / Meyer, Hermann J. / Röhrs, Hermann (Hrsg.): Maßstäbe. Perspektiven des Denkens von Eduard Spranger, Düsseldorf 1983, S. 297 ff.

[189] Vgl. Scholder, Klaus (Hrsg.): Die Mittwochs-Gesellschaft. Protokolle aus dem geistigen Deutschland 1933–1944, Berlin 1982.

3. Vorsichtige Abkehr vom NS-Regime gegen Kriegsende

wohl „Persönlichkeiten" wie der „Rassetheoretiker" Eugen Fischer[190] als auch Generaloberst Ludwig Beck, der 1944 nach dem gescheiterten Attentat auf Hitler hingerichtet wurde. Spranger hingegen war nicht in die Planung des Attentats eingeweiht.[191]

1946 schreibt Spranger: „1933 habe ich, um zu protestieren, mein Abschiedsgesuch eingereicht, 1944 bin ich von der Gestapo ins Gefängnis gesetzt worden. Die Berliner Studenten wussten sämtlich, dass ich der Oppositionsgruppe angehörte."[192] Ausgehend davon kommen die Herausgeber des Band VI der „Gesammelten Werke" zu dem Schluss, Spranger habe im „Dritten Reich" eine oppositionelle Haltung eingenommen. Er sei durch seine Lehrtätigkeit und seine Publikationen „bis an die äußerste Grenze der Selbstgefährdung" gegangen, habe die Jahre der Diktatur in Bedrückung durchlebt und leidenschaftlich das NS-Regime abgelehnt.[193] Wie das mit Aussagen Sprangers wie „Der Grundgedanke des Nationalsozialismus ist zu bejahen"[194] zu vereinbaren ist, wird von den Herausgebern nicht thematisiert.

Allerdings ist bei einer Einschätzung seiner Verhaftung 1944 nicht nur zu bedenken, dass Spranger nachweislich kein Mitglied der Widerstandsbewegung war. Die zehn Wochen Gestapo-Haft boten Spranger auch die Gelegenheit, seine verhaltene Distanzierung vom NS-Regime in eine größere Abkehr von dem, was er später „Hitlerismus" nannte, umzuwandeln. Diese zehn Wochen der Haft und die in dieser Zeit stattgefundenen Verhöre sowie die Kenntnis von der Hinrichtung einiger Personen, die mit ihm verhaftet worden waren, sind für Spranger Anlass zu einer (späten) inneren Abkehr von Adolf Hitler.

Resümiert man, so spiegelt die Haltung Sprangers (bis auf wenige, gerade deshalb aber umso wichtigere Ausnahmen) das Gesamtbild der deutschen Erziehungswissenschaften während der NS-Diktatur wider. Es gab nur ein sehr geringes Widerstandspotenzial, dem aber eine breite Bereitschaft zur Unterstützung des

---

[190] Fischer war Mitbegründer des Kaiser-Wilhelm-Instituts für Anthropologie, menschliche Erblehre und Eugenik in Berlin.

[191] Siehe dazu: Himmelstein, Klaus: „Wäre ich jung, wäre ich Nationalsozialist…". Anmerkungen zu Eduard Sprangers Verhältnis zum deutschen Faschismus, in: Keim, Wolfgang (Hrsg.): Erziehungswissenschaft und Nationalsozialismus – Eine kritische Positionsbestimmung (Forum Wissenschaft, Studienheft Nr. 9), Marburg 1990, S. 552 f.

[192] Spranger an E. Weitsch, 22.10.1946, zitiert nach: Meyer, Hermann Josef: Nachwort, in: Spranger, Eduard: Gesammelte Schriften, Band VIII: Staat, Recht und Politik, herausgegeben von Hermann Josef Meyer, Tübingen / Heidelberg 1970, S. 418.

[193] Siehe ebenda, S. 418 f.

[194] Spranger, Eduard: Thesen zur Beurteilung des Nationalsozialismus (1933), Manuskript, Spranger-Archiv Tübingen, zitiert nach: Himmelstein, Klaus: Eduard Sprangers Bildungsideal auf den Trümmern von 1945, in: Himmelstein, Klaus / Keim, Wolfgang (Hrsg.): Die Schärfung des Blicks. Frankfurt am Main / New York 1996, S. 68.

III. Sprangers politische Positionierung zu NS-Diktatur und „zweiter Schuld"

NS-Staats gegenüber stand, resultierend sowohl aus nationalistischer und militaristischer Überzeugung als auch aus Opportunismus.[195]

4. Der autobiographische Rückblick auf die NS-Zeit

Eduard Sprangers berufliche Karriere verlief mehr oder weniger bruchlos, von der Kaiserzeit über die Weimarer Republik und die NS-Zeit. Ebenso schaffte er den beruflichen Übergang aus der NS-Zeit in die Besatzungszeit in Deutschland (und später in die Bundesrepublik).

Von besonderer Bedeutung für Sprangers Rückblick auf die NS-Zeit ist seine 1946 verfasste Schrift über die „deutsche Schuld", die er eingesteht. Auch das Nicht-Helfen wird von ihm verurteilt und er bezieht sogar Stellung gegen die Luther'sche These vom „leidenden Gehorsam". Dieser These stellt er das Widerstandsrecht gegenüber, das er im Kalvinismus fixiert sieht: „Der leidende Gehorsam ist für den Christen nicht das höchste Verdienst; denn man soll Gott mehr gehorchen als den Menschen."[196] Nach dieser Stellungnahme schreibt Spranger jedoch noch im

---

[195] Wolfgang Keim urteilt über Sprangers Haltung zum NS-Faschismus, gegen Tenorth polemisierend: „‚Blind' waren die Stellungnahmen Sprangers (...) ganz und gar nicht, weil die darin artikulierten Grundpositionen sich (...) gegenüber früheren Beiträgen kaum unterschieden, höchstens zugespitzt haben. Insofern (...) stehen (sie) in einer Kontinuität pädagogischen Denkens, die sich bis zum Kaiserreich zurückverfolgen lässt. Dieses Denken war (...) zwar nicht faschistisch, sondern eher deutsch-national bildungsbürgerlich, trug aber aufgrund seiner breiten Affinitäten und Schnittmengen zum Nationalsozialismus zu dessen Machteroberung und Machtdurchsetzung bei." (Keim, Wolfgang: Erziehung unter der Nazi-Diktatur. Band I: Antidemokratische Potentiale, Machtantritt und Machtdurchsetzung, Darmstadt 1997, S. 172)

Und an anderer Stelle: „Stärker noch als Flitner hat er [Spranger] das NS-Regime unterstützt (...) und mit ihm bis zum Ende in Teilbereichen wie der Wissenschaftspolitik und Militärpsychologie kooperiert." (Keim, Wolfgang: Erziehung unter der Nazi-Diktatur. Band II: Kriegsvorbereitung, Krieg und Holocaust, Darmstadt 1997, S. 355)

[196] Spranger, Eduard: Die Frage der deutschen Schuld (1946), in: Spranger, Eduard: Gesammelte Schriften, Band VIII: Staat, Recht und Politik, herausgegeben von Hermann Josef Meyer, Tübingen / Heidelberg 1970, S. 263.

Himmelstein bemerkt zu Sprangers Stellungnahme: „In dieser Erörterung der ‚Schuldfrage' von 1946 ist wiederum das Grundmuster der Ideologiearbeit Sprangers erkennbar: die Konstruktion einer alle gesellschaftlichen Widersprüche überwölbenden Einheitlichkeit bei gleichzeitiger Wahrung der ideologischen Strukturierung von oben. Zudem wird, eingekleidet in das vollkommen unverbindliche und allgemeine Zugeständnis von der Schuld aller, ein möglicher eigener Anteil bzw. derjenige der pädagogischen Wissenschaft an der Durchsetzung des Faschismus in Deutschland eskamotiert." (Himmelstein, Klaus: „Wäre ich jung, wäre ich Nationalsozialist...". Anmerkungen zu Eduard Sprangers Verhältnis zum deutschen Faschismus, in: Keim, Wolfgang (Hrsg.): Erziehungswissenschaft und Nationalsozialismus – Eine kritische Positionsbestimmung (Forum Wissenschaft, Studienheft Nr. 9), Marburg 1990, S. 57)

4. Der autobiographische Rückblick auf die NS-Zeit

selben Jahr eine Verteidigungsrede auf die deutsche Jugend, genauer den deutschen Soldaten:

> *„Von dem Frevel, ein aus schwerer Niederlage kaum genesenes Volk nach 20 Jahren in einen neuen Weltkrieg zu stürzen, der überdies die Fehler des ersten wiederholte, schweige ich hier. Aber nicht schweigen kann ich von der Tragik des wertvollen Teils der Jugend, der das Unternehmen in der Wurzel für unentschuldbar hielt, der im Fortgang beispiellose Grausamkeiten miterleben und doch, nachdem das Schreckliche einmal geschehen war, die Heimaterde mit dem eigenen Blute schützen musste. Kein Historiker, kein Dichter wird je das Teuflisch-Paradoxe dieses Siegenmüssens und Nichtsiegendürfens samt all der Qual schildern können, mit der es durchgehalten werden musste. Welche Schuld auf uns ruht, ist zur Genüge und nicht nur von den fremden Mächten ausgesprochen worden. Man sollte sich aber auch im Auslande einmal dem verstehenden Gefühl dafür öffnen, dass ein hoch stehendes Volk in eine so ausweglose Situation geführt worden ist. (...) Mag das reife Deutschland eine solch tröstliche Entlastung nicht verdienen – aber welcher Sterbliche und welches Volk wären vor Verstrickung in Schuld gefeit? (...) Aber das ist wirklich so: aus der Bejahung von Krieg und Tod ist der größte Volksselbstmord geworden, den die Geschichte je gesehen hat."* [197]

Damit relativiert Spranger sein Eingeständnis der „deutschen Schuld" wieder und präsentiert stattdessen das deutsche Volk als Opfer. Und so verwundert es auch nicht, wenn Spranger an anderer Stelle zu dem Schluss kommt: „Ich zögere nicht einen Augenblick, zu bekennen, dass die studierende deutsche Jugend, die heute in meinen Gesichtskreis tritt, den Ruhm verdient, die beste und ernsteste zu sein, die wenigstens mir begegnet ist."[198]

Charakteristisch für Sprangers Einschätzung der NS-Zeit ist eine seiner Äußerungen in einem Brief vom Frühjahr 1947. Darin betont er, dass „das tiefere Leiden" für ihn erst nach der Eroberung Berlins begonnen habe.[199] In diesem Kontext denunziert Spranger auch die Entnazifizierungsmaßnahmen der Alliierten als „Straf-

---

[197] Spranger, Eduard: Verstrickung und Ausweg. Ein Wort über die Jugend (1946), in: Spranger, Eduard: Gesammelte Schriften, Band VIII: Staat, Recht und Politik, herausgegeben von Hermann Josef Meyer, Tübingen / Heidelberg 1970, S. 274 f.

[198] Spranger, Eduard: Nachwort 1948, in: Spranger, Eduard: Psychologie des Jugendalters (1924), 23. Auflage, Heidelberg 1953, S. 323.

[199] Spranger an Ernst Wiechert, Frühjahr 1947, zitiert nach: Himmelstein, Klaus / Keim, Wolfgang (Hrsg.): Die Schärfung des Blicks. Pädagogik nach dem Holocaust, Frankfurt am Main / New York 1996, S. 63.
Ähnlich heißt es in einem Text Sprangers von 1953: „Die Tage der Eroberung Berlins durch die Russen waren das Furchtbarste in meinem Leben überhaupt. Man gestatte mir, darüber zu schweigen." (Spranger, Eduard: Ein Professorenleben im 20. Jahrhundert (1953), in: Spranger,

III. Sprangers politische Positionierung zu NS-Diktatur und „zweiter Schuld"

aktionen", die Unrecht seien und von einer Kollektivschuld ausgingen:[200] „Von hier aus gesehen, folgt die Mahnung, die *rein* religiös begründet ist: ‚Richtet nicht, auf dass ihr nicht gerichtet werdet.'"[201] Aber Spranger hat an der Entnazifizierung noch mehr zu kritisieren. So findet er es falsch, „gegen jeden, der in der Partei gewesen war, ein Verfahren (zu) eröffnen". Er fährt fort: „Grundsatz war, dass eine Parteimitgliedschaft von 1933 und früher als unverzeihbar gelten sollte. Das war sicher falsch." Und schließlich sorgt er sich um das Auskommen entlassener Nazi-Beamter: „Die Hitlerregierung hatte den ‚untragbaren' Beamten manchmal noch Pensionen bewilligt. Jetzt erfolgte fristlose Entlassung ohne jede Entschädigung."[202] Dabei hat Spranger ein genaues Bild vor Augen, wie er sich das Bekenntnis zur Schuld an den NS-Verbrechen vorstellt:

> *„Ich bin der Auffassung, dass wir Deutschen sittlich verpflichtet sind, uns vor den anderen Völkern zu unserer Schuld zu bekennen. (...) Streben wir mit reinem und heiligem Ernst danach, nichts zu beschönigen, sondern uns selbst auf das strengste zu prüfen, so dürfen wir einer gnädigen Vergebung gewiss sein, die uns von menschlichen Mächten vermutlich nicht zuteil wird. (...) Es kommt jetzt viel darauf an, dass das deutsche Volk das Gefühl für seine nationale Würde nicht ganz verliert. Wird also ein politisches Schuldbekenntnis abgelegt, so sollte es von maßgeblicher Stelle einmal mit feierlichem Ernst und mit einem wohl überlegten Text geschehen. (...) Alles sog. öffentliche ‚Wühlen' in der Schuld ist zu vermeiden, weil auch das Beste der Gefahr unterliegt, schließlich zerredet zu werden, und weil die christliche Gesinnung nur von Mitchristen ganz verstanden wird."* [203]

Eduard: Gesammelte Schriften, Band X: Hochschule und Gesellschaft, herausgegeben von Walter Sachs, Tübingen / Heidelberg 1973, S. 355)

[200] Spranger schreibt: „Jedoch kann nicht geleugnet werden, dass Strafaktionen von allen Besatzungsmächten gegen uns nebenher laufen, die im Stillen doch die Voraussetzung haben, dass eine Kollektivschuld der Deutschen besteht. Da diese Maßnahmen ohne klar erkennbare Normen und Grenzen erfolgen, so werden sie von uns nicht als Recht empfunden, sondern als einfache Fortsetzung des Kriegszustandes. Drücken wir uns ganz vorsichtig aus: Das deutsche Volk hat das Gefühl, dass auf diesem Weg keine Rückkehr zu geordneten Zuständen erfolgen kann." (Spranger, Eduard: Die Frage der deutschen Schuld (1946), in: Spranger, Eduard: Gesammelte Schriften, Band VIII: Staat, Recht und Politik, herausgegeben von Hermann Josef Meyer, Tübingen / Heidelberg 1970, S. 265)

[201] Ebenda.

[202] Spranger, Eduard: Die Universität Berlin nach Kriegsende 1945 (1945/1953), in: Spranger, Eduard: Gesammelte Schriften, Band X: Hochschule und Gesellschaft, Tübingen / Heidelberg 1973, S. 282, S. 288 und S. 295.

[203] Spranger, Eduard: Die Frage der deutschen Schuld (1946), in: Spranger, Eduard: Gesammelte Schriften, Band VIII: Staat, Recht und Politik, herausgegeben von Hermann Josef Meyer, Tübingen / Heidelberg 1970, S. 265 ff.

4. Der autobiographische Rückblick auf die NS-Zeit

1946 verurteilt Spranger in seiner Schrift „Verstrickung und Ausweg" zunächst die „raffiniert vorbereitete Judenverfolgung am 9. November 1938",[204] um dann jedoch gute und schlechte Seiten des NS-Systems im pädagogischen Bereich zu „differenzieren". Er beklagt, dass der Nationalsozialismus auf die Jugend seinen „Allmachtsanspruch geltend gemacht"[205] habe, schränkt dann aber ein: „Er mag dabei manches Einwandfreie, ja Lobenswerte geschaffen haben; Arbeitsdienstpflicht, Landjahr, Berufswettkampf sind auch in demokratischen Verfassungen denkbar."[206] Im Rückblick auf die NS-Diktatur resümiert Spranger 1948:

> *„Kaum jemand wird sich heute darüber hinwegtäuschen können, dass das Böse tief in den Wurzeln der menschlichen Natur sitzt. Rousseaus sentimentale und scheinheilige Rede von der ursprünglichen Güte des Menschen mutet uns wie ein Kindermärchen an. Wenn dies untrennbar zum Humanismus gehören sollte, dass der Mensch gut ist, ja auch nur, dass er immer die Kraft hat, gut zu werden, so hätte er seine Rolle nicht nur ausgespielt, – er wäre immer eine Verfälschung der Wirklichkeit gewesen. Schon bei Sokrates-Plato steht zu lesen: Gut ist nur Gott allein."* [207]

---

[204] Spranger, Eduard: Verstrickung und Ausweg. Ein Wort über die Jugend (1946), in: Spranger, Eduard: Gesammelte Schriften, Band VIII: Staat, Recht und Politik, herausgegeben von Hermann Josef Meyer, Tübingen / Heidelberg 1970, S. 273.

[205] Ebenda, S. 268.

[206] Ebenda, S. 268.
An anderer Stelle sagt Spranger dazu: „Dem Reichsarbeitsdienst, einer Einrichtung, die der anfangs oppositionelle ‚Stahlhelmverband' am besten organisiert hatte, wird man auch heute kaum Ungünstiges nachzusagen haben." (Spranger, Eduard: Fünf Jugendgenerationen 1900–1949 (1950), in: Spranger, Eduard: Gesammelte Schriften, Band VIII: Staat, Recht und Politik, herausgegeben von Hermann Josef Meyer, Tübingen / Heidelberg 1970, S. 338)
Und sogar der SS vermag Spranger eine positive Seite abzugewinnen: „Ende 1937 nahm ich meine Vorlesungen an der Berliner Universität wieder auf. Ich muss von da an einen unsichtbaren Protektor gehabt haben, wahrscheinlich in der SS, die ja durchaus zweiseitig war." (Spranger, Eduard: Ein Professorenleben im 20. Jahrhundert (1953), in: Spranger, Eduard: Gesammelte Schriften, Band X: Hochschule und Gesellschaft, herausgegeben von Walter Sachs, Tübingen / Heidelberg 1973, S. 353)
Zu seiner kurzzeitigen Verhaftung 1945 durch die US-Armee schreibt er: „Die Posten zeigten sich durchaus nicht humaner als die SS-Leute, in deren Obhut ich dreiviertel Jahr vorher gewesen war." (Spranger, Eduard: Die Universität Berlin nach Kriegsende 1945 (1945/1953), in: Spranger, Eduard: Gesammelte Schriften, Band X: Hochschule und Gesellschaft, Tübingen / Heidelberg 1973, S. 291)

[207] Spranger, Eduard: Der Humanitätsgedanke und seine Problematik III (1948), in: Spranger, Eduard: Gesammelte Schriften, Band IX: Philosophie und Psychologie der Religion, herausgegeben von Hans Walter Bähr, Tübingen / Heidelberg 1974, S. 304.

III. Sprangers politische Positionierung zu NS-Diktatur und „zweiter Schuld"

Auch im Hinblick auf die unmittelbare Nachkriegszeit erscheint das deutsche Volk bei Spranger in erster Linie wieder als Opfer:

> *„Niemals hat eine Generation unter tragischeren Umständen studiert als die von 1946 bis 1949. (...) Sie war mittellos, mangelhaft ernährt, gesundheitlich gefährdet, schlecht untergebracht, oft völlig heimatlos. Sie hatte auf der Schule wenig oder nichts gelernt; sie hatte das schrecklichste Schicksal gehabt, einen Krieg zuführen, an dessen Sinn sie wenigstens zum Schluss in keiner Beziehung mehr glauben konnte. (...) Sie war naturgemäß innerlich völlig desorientiert, ratlos, wurde aber zugleich von allen Seiten der Siegermächte her mit Heilmitteln und Umerziehungsversuchen bestürmt. (...) Wenn ich aus der Erfahrung von 40 Jahren (...) bekenne, dass die studierende Jugend von 1945 bis 1949 die ernsteste und beste war, der ich je begegnet bin, so stehe ich mit meinem Urteil nicht allein."* [208]

Dagegen wird der Holocaust, die Vernichtung von sechs Millionen Jüdinnen und Juden und 500 000 Sinti und Roma, von Spranger mit keinem Wort erwähnt. Statt dessen formuliert er 1951 in völliger Ignoranz der Verbrechen des NS-Regimes und der Mitschuld der deutschen Bevölkerung als einen seiner Erziehungssätze „Arbeit macht frei" – als habe diese Inschrift auf dem Tor von Auschwitz nie existiert.[209]

Die rationale Ebene völlig verlassend formuliert Spranger schließlich: „Ich liebe mein Volk von ganzer Seele, wie es natürlich ist. (…) Aber ich bilde mir nicht ein, dass ein Einzelner ein Volk erziehen könne. Was Vater und Mutter tun, ist auch nicht regelhaftes Bessermachenwollen, sondern einfach – Lieben."[210] Es stellt sich die Frage, wie sich dieses bedingungs- und kritiklose „Lieben" mit einer Hegel-Stelle vereinbaren lässt, die Spranger selbst 1939 zustimmend zitiert hat: „Was ihre Taten sind, das sind die Völker."[211] Sprangers Bewertung der NS-Zeit findet sich in einem Satz aus dem Jahr 1952 zusammengefasst:

---

[208] Spranger, Eduard: Fünf Jugendgenerationen 1900–1949 (1950), in: Spranger, Eduard: Gesammelte Schriften, Band VIII: Staat, Recht und Politik, herausgegeben von Hermann Josef Meyer, Tübingen / Heidelberg 1970, S. 342 f.

[209] Spranger, Eduard: Der Lehrer als Erzieher zur Freiheit (1951), in: Spranger, Eduard: Gesammelte Schriften, Band II: Philosophische Pädagogik, herausgegeben von Otto Friedrich Bollnow und Gottfried Bräuer, Tübingen / Heidelberg 1973, S. 330.

[210] Spranger, Eduard: Rückblick (ohne Jahr), in: Spranger, Eduard: Gesammelte Schriften, Band X: Hochschule und Gesellschaft, herausgegeben von Walter Sachs, Tübingen / Heidelberg 1973, S. 430.

[211] Hegel, Georg Friedrich Wilhelm: Philosophie der Weltgeschichte, Band I (Philosophische Bibliothek, Band 171a), 3. Auflage, Leipzig 1930, S. 44, zitiert nach: Spranger, Eduard: Wege und Ziele der Völkercharakterologie (1939), in: Spranger, Eduard: Gesammelte Schriften, Band IV: Psychologie und Menschenbildung, herausgegeben von Walter Eisermann, Tübingen / Heidelberg 1974, S. 314.

4. Der autobiographische Rückblick auf die NS-Zeit

> *„Aber es liegt mir daran, hinzuzufügen, dass es nicht der Nationalsozialismus war, der in die Katastrophe geführt hat, sondern ganz eigentlich der Hitlerismus."* [212]

Hier konstruiert Spranger eine historisch nicht haltbare Differenzierung zwischen „Nationalsozialismus" und „Hitlerismus", mit dem Ziel, die Person Hitlers allein für die Verbrechen der Nationalsozialisten verantwortlich zu machen.

Wie bei anderen Erziehungswissenschaftlern zeigt sich auch bei Spranger nach 1945, dass seine Abkehr von der Realität des 1944/1945 niedergehenden NS-Faschismus keine tiefe selbstkritische Analyse beinhaltete. Die übereinstimmende Meinung war: Der Nationalsozialismus war nicht schlecht, er hatte ein gutes Programm, aber Hitler hat dieses Programm nicht richtig umgesetzt; der „Hitlerismus" war das verbrecherische Regime, nicht der Nationalsozialismus.[213]

Spätestens ab 1948 waren diejenigen Erziehungswissenschaftler, die die Universitätspädagogik in der NS-Zeit repräsentiert hatten (u. a. Theodor Litt, Herman Nohl und eben Eduard Spranger) und deren Schüler wieder an bundesdeutschen Hochschulen tätig und konnten die Tradition ihrer geisteswissenschaftlichen Pädagogik fortführen. Die Grundlage blieb dabei das Konzept von individuellem und kollektivem Leben, die Verbindung von „subjektivem und objektivem Geist". Diese geisteswissenschaftliche Pädagogik wurde zur einflussreichsten Bildungstheorie der bundesdeutschen Nachkriegspädagogik, sie konnte Wertkonservatismus mit gemäßigtem pädagogischem Optimismus verbinden und so systemkonform eingesetzt werden.[214]

---

[212] Spranger, Eduard: Fünf Jugendgenerationen 1900–1949 (1950), in: Spranger, Eduard: Gesammelte Schriften, Band VIII: Staat, Recht und Politik, herausgegeben von Hermann Josef Meyer, Tübingen / Heidelberg 1970, S. 341.

[213] So formulierte etwa Peter Petersen 1954, dass das Programm des NS-Faschismus gut gewesen sei, aber Hitler das Gegenteil gebracht hätte: „Unter ihnen [den „satanischen Menschen"] wandelte sich der Nationalsozialismus zum teuflischen Nazismus und bewirkte in jeder Hinsicht durchaus das Gegenteil von dem, was sein kompiliertes Programm verhieß (…)." (Petersen, Peter: Der Mensch in der Erziehungswirklichkeit, Weinheim / Basel 1984, S. 196)

[214] Christoph Führ kommt zu dem Schluss: „Im Westen z. B. verkörperte Eduard Spranger (…) die Kontinuität der geisteswissenschaftlichen Pädagogik und des philosophischen Idealismus von Anfang des 20. Jahrhunderts bis in die sechziger Jahre. Auch andere Pädagogen, wie Theodor Litt, Herman Nohl, Wilhelm Flitner und Erich Weniger – um nur einige zu nennen – waren in den ersten anderthalb Jahrzehnten von prägendem Einfluss." (Führ, Christoph: Zur deutschen Bildungsgeschichte seit 1945, in: Führ, Christoph / Furck, Carl-Ludwig (Hrsg.): Handbuch der deutschen Bildungsgeschichte, Band VI: 1945 bis zur Gegenwart, 1. Teilband: Bundesrepublik Deutschland, München 1998, S. 7)

Zusammenfassung

Für die Beurteilung des „ganzen Spranger" sind nicht nur seine politischen Äußerungen und seine Staatspädagogik von Belang, auch sein religiös-metaphysisches Weltbild muss in die Betrachtung mit einbezogen werden. Als zentral hat sich dabei das Bündnis der Deutschnationalen mit der NSDAP, nicht nur auf der realpolitischen, sondern auch auf der theoretisch-wissenschaftlichen Ebene erwiesen.

Das Verständnis von Sprangers Werk wird zunächst vor allem durch dessen Irrationalität und durch den hohen Stellenwert, den er Allgemeinplätzen einräumt, erschwert. Beim weiteren Studium wird ersichtlich, dass Spranger Normsetzungen dazu benutzt, den Zusammenhang zwischen der Beschreibung eines bestehenden Zustands und seinen Zielsetzungen zu verwischen. Damit wird er faktisch zu einem Apologeten des jeweils Bestehenden, also auch der jeweils vorherrschenden Staatspolitik.

Aus der Gesamtschau des hier vorgelegten Materials lassen sich drei grundlegende Kritiken an Eduard Spranger formulieren: Auf dem Gebiet seiner theoretischen Grundlegung ist vor allem sein Primat des Glaubens an Stelle einer wissenschaftlichen Orientierung zu kritisieren. Auf dem Gebiet der Staatspädagogik ist seine Forderung des Opfers für Staat und Militär zu verurteilen. Am unverzeihlichsten ist jedoch, dass Spranger (nach seiner Begrüßung des NS-Regimes 1933 und seiner manifesten Unterstützung bis in die 1940er Jahre hinein) auch nach 1945 das Programm der NSDAP noch idealisiert und sich lediglich vom „Hitlerismus" distanziert hat, statt seine Erfahrungen aus dem Innersten der Erziehungswissenschaft während der NS-Zeit zur Aufklärung über den inhumanen Kern der Ideen des „Nationalsozialismus" zu nutzen. Das lässt sich mit einem aufklärerischen Ansatz von Pädagogik nicht vereinbaren.

Als wichtigstes Ergebnis dieser Studie erscheint einerseits die Darstellung des inneren Zusammenhangs zwischen Sprangers religiös-metaphysischer Grundhaltung, seiner Staatspädagogik und seiner Unterstützung des NS-Systems und andererseits, dass dieser innere Zusammenhang dennoch nicht immanent zwingend von der Metaphysik über die Staatspädagogik zur Unterstützung des NS-Systems hätte führen müssen. Das Fazit lautet daher: *Von* Spranger kann man nur wenig lernen, *durch* Spranger aber, durch die notwendige Konfrontation mit ihm und seinen Positionen sehr viel.

Literaturverzeichnis

Zur Problematik der Primärquellen

Erste Schwierigkeiten stellen sich schon bei einer flüchtigen Durchsicht der „Gesammelten Schriften"[215] Eduard Sprangers ein. Es sind weder „Sämtliche Schriften", noch eine Gesamtedition. Genau genommen sind es also „Ausgewählte Schriften". Gegen eine Auswahl ist prinzipiell nichts einzuwenden, durchaus aber gegen die Art und Weise, wie hier ausgewählt wurde.

Die Herausgeber[216] begründen ihre Auswahl zum einen mit ökonomischen Zwängen, zum anderen damit, dass eine Gesamtausgabe „ganz entschieden gegen den Sinn dieser Neuausgabe verstoßen hätte. Diese soll gerade nicht ein Archiv für den Spezialforscher bilden, für den doch die Bibliotheken alles nötige enthalten; sondern sie soll Sprangers Werk in seiner Weite und an seinem geschichtlichen Ort lebendig in Erscheinung treten lassen."[217]

Dagegen lässt sich zweierlei einwenden: „Die Bibliotheken" enthalten eben nicht „alles Nötige". Vielmehr sind mehrere hundert Publikationen, die die (nicht gänzlich vollständigen) Bibliographien[218] zum Werk Eduard Sprangers ausweisen, über viele Periodika, Sammelbände und Einzelausgaben verstreut. Kaum eine Bibliothek bietet diese Schriften auch nur annähernd komplett. Ein annähernd kompletter Bestand sich lediglich im Spranger-Archiv der TU Braunschweig. Zudem gibt es einen sehr umfangreichen, noch nicht vollständig erschlossenen und publizierten Bestand aus dem Nachlass Sprangers, der nicht ohne weiteres zugänglich ist.[219]

---

[215] Die einzelnen Bände sind über einen Zeitraum von elf Jahren und nicht in der Reihenfolge ihrer Nummerierung erschienen (1969: Band I und V, 1970: Band III und VIII, 1972: Band XI, 1973: Band II und X, 1974: Band IV und IX, 1978: Band VII, 1980: Band VI).

[216] Die Herausgeber „sind überwiegend Schüler und Mitarbeiter Sprangers gewesen; sie haben ihn persönlich gekannt und sind mit seinem Leben und Werk mehr oder weniger eng verbunden gewesen." (Löffelholz, Michael: Das bedeutsame Vermächtnis Eduard Sprangers. Anmerkungen zur Edition seiner „Gesammelten Schriften", in: Zeitschrift für Pädagogik, 27. Jg. (1981), Heft 1, S. 68)

[217] Bräuer, Gottfried / Flitner, Andreas: Nachwort, in: Spranger, Eduard: Gesammelte Schriften, Band I: Geist der Erziehung, Tübingen / Heidelberg 1969, S. 455.

[218] Neu, Theodor: Bibliographie Eduard Spranger, Tübingen 1958 und Englert, Ludwig / Mursch, Siegfried: Bibliographie Eduard Spranger 1957–1962, in: Pädagogische Rundschau. Monatsschrift für Erziehung und Unterricht, 16. Jg. (1962), Heft 7–8, S. 631–644.
Zumindest eine möglichst vollständige Bibliographie wäre im Rahmen der „Gesammelten Schriften" wünschenswert gewesen. Diese wurde im Nachwort zum Band I zwar angekündigt, letztlich jedoch nicht veröffentlicht.

[219] Bundesarchiv Koblenz bzw. Berlin und Spranger-Archive in Tübingen und Braunschweig.

Literaturverzeichnis

Auch dem Anspruch, „Sprangers Werk in seiner Weite und an seinem geschichtlichen Ort lebendig in Erscheinung treten lassen", werden die „Gesammelten Werke" nicht gerecht. Die Kriterien der Auswahl bleiben oft im Dunkeln und die dadurch entstehenden Lücken sind vielfach nicht nachvollziehbar. So fehlen sowohl Sprangers allgemein anerkannte Hauptwerke[220] als auch die für das Verständnis der Person und des Werks „in seiner Weite und an seinem geschichtlichen Ort" zentrale Schriften.[221] Im Nachwort des zuletzt erschienenen Bands VI heißt es dazu lediglich: „Mehrere Werke, so die ‚Lebensformen', die ‚Psychologie des Jugendalters' und ‚Wilhelm von Humboldt und die Humanitätsidee' bleiben selbständig und sind nicht einbezogen worden."[222]

Weitere Schwierigkeiten treten dadurch auf, dass sich die Herausgeber der „Gesammelten Schriften" gegen eine chronologische Publikationsweise und für den Versuch einer thematischen Publikation[223] entschieden haben. Dabei sind sie sich der Nachteile dieser Vorgehensweise durchaus bewusst:

> *„Nicht nur die Chronologie und die direkten Einflüsse vorangehender Änderungen werden dabei vernachlässigt. Es geht auch das Hinüberspielen von einem Thema zum anderen in der Zuordnung verloren. Manche Arbeiten könnten ebenso gut in einen anderen Band eingereiht werden, manche entziehen sich der Zuordnung fast ganz und dürfen doch nicht fehlen. Der Beschluss der Herausgeber, eine Schrift hier einzuordnen, behält also oft den Charakter*

---

[220] Nicht enthalten sind z. B. „Lebensformen" (1921 bzw. der ersten Entwurf 1914), „Psychologie des Jugendalters" (1924) und sechs der acht Beiträge des wirkungsgeschichtlich wichtigen Sammelbands „Volk, Staat, Erziehung" (1932). Die „Lebensformen" und die „Psychologie des Jugendalters" werden im Nachwort zum Band I der „Gesammelten Schriften" noch für einen der späteren Bände angekündigt, wurden dann aber doch nicht aufgenommen (vgl. Bräuer, Gottfried / Flitner, Andreas: Nachwort, in: Spranger, Eduard: Gesammelte Schriften, Band I: Geist der Erziehung, Tübingen / Heidelberg 1969, S. 456).

[221] Zum Beispiel: Spranger, Eduard: Wilhelm von Humboldt und die Humanitätsidee (1909), 2. unveränderte Auflage, Berlin 1928 oder Spranger, Eduard: Mein Konflikt mit der nationalsozialistischen Regierung 1933, in: Universitas. Zeitschrift für Wissenschaft, Kunst und Literatur, 10. Jg. (1955), Heft 5, S. 457–473.

[222] Bähr, Hans Walter: Nachwort, in: Spranger, Eduard: Gesammelte Schriften, Band VI: Grundlagen der Geisteswissenschaft, Tübingen / Heidelberg 1980, S. 345.

[223] Band I: Geist der Erziehung; Band II: Philosophische Pädagogik; Band III: Schule und Lehrer; Band IV: Psychologie und Menschenbildung; Band V: Kulturphilosophie und Kulturkritik; Band VI: Grundlagen der Geisteswissenschaft; Band VII: Briefe 1901–1963; Band VIII: Staat, Recht und Politik; Band IX: Philosophie und Psychologie der Religion; Band X: Hochschule und Gesellschaft; Band XI: Erzieher zur Humanität. Studien zur Vergegenwärtigung pädagogischer Gestalten und Ideen.

einer pragmatischen Entscheidung und sollte nicht wiederum als interpretierende Aussage über den Schwerpunkt der Schrift verstanden werden."[224]

Besonders auffällig ist, dass nur sehr wenige Schriften aus den Jahren 1933–1945 in die „Gesammelten Schriften" Einzug gefunden haben. Hierin liegt auch die Hauptkritik, die an den „Gesammelten Schriften" anzubringen ist, begründet: Die Herausgeber haben sich dazu entschlossen, „zwei oder drei Schönheitsflecken" in Sprangers Werk auszusparen. So sind wichtige Artikel wie „März 1933" (1933)[225] und „Die Epochen der politischen Erziehung in Deutschland" (1938)[226] in den „Gesammelten Schriften" nicht enthalten. Dadurch kann die seit Ende der 1980er Jahre geführte Debatte um Sprangers Haltung zum NS-Regime nicht anhand der zentralen Texte aus dieser Zeit verfolgt und überprüft werden.[227]

1. Primärquellen

a) Sammelwerke

Spranger, Eduard: Gesammelte Schriften, Band I–XI, herausgegeben von Hans Walter Bähr, Otto Friedrich Bollnow, Otto Dürr, Walter Eisermann, Ludwig Englert, Andreas Flitner, Hermann Josef Meyer, Walter Sachs und Hans Wenke, Tübingen / Heidelberg 1969–1980.

Band I: Geist der Erziehung, herausgegeben von Gottfried Bräuer und Andreas Flitner, Tübingen / Heidelberg 1969.

Band II: Philosophische Pädagogik, herausgegeben von Otto Friedrich Bollnow und Gottfried Bräuer, Tübingen / Heidelberg 1973.

---

[224] Bräuer, Gottfried / Flitner, Andreas: Nachwort, in: Spranger, Eduard: Gesammelte Schriften, Band I: Geist der Erziehung, Tübingen / Heidelberg 1969, S. 457.

[225] Spranger, Eduard: März 1933, in: Die Erziehung. Monatsschrift für den Zusammenhang von Kultur und Erziehung in Wissenschaft und Leben, 8. Jg. (1933), S. 402–408.

[226] Spranger, Eduard: Die Epochen der politischen Erziehung in Deutschland, in: Die Erziehung. Monatsschrift für den Zusammenhang von Kultur und Erziehung in Wissenschaft und Leben, 13. Jg. (1938), S.137–164.

[227] Thematisch hätten diese Texte in den Band VIII des „Gesammelten Schriften" („Staat, Recht und Politik") eingeordnet werden müssen. Hermann Josef Meyer, der Herausgeber dieses Bands, geht in seinem Nachwort nicht auf die Nichtaufnahme der Texte ein (vgl. Meyer, Hermann Josef: Nachwort, in: Spranger, Eduard: Gesammelte Schriften, Band VIII: Staat, Recht und Politik, herausgegeben von Hermann Josef Meyer, Tübingen / Heidelberg 1970, S. 411–423).
Sämtliche Publikationen Sprangers aus der NS-Zeit sind inzwischen faksimiliert neu aufgelegt worden, siehe: Ortmeyer, Benjamin (Hrsg.): Eduard Sprangers Schriften und Artikel in der NS-Zeit. Dokumente 1933–1945 (Dokumentation ad fontes, Band I), Frankfurt am Main 2008.

Band III: Schule und Lehrer, herausgegeben von Ludwig Englert, Tübingen / Heidelberg 1970.

Band IV: Psychologie und Menschenbildung, herausgegeben von Walter Eisermann, Tübingen / Heidelberg 1974.

Band V: Kulturphilosophie und Kulturkritik, herausgegeben von Hans Wenke, Tübingen / Heidelberg 1969.

Band VI: Grundlagen der Geisteswissenschaft, herausgegeben von Hans Walter Bähr, Tübingen / Heidelberg 1980.

Band VII: Briefe 1901–1963, herausgegeben von Hans Walter Bähr, Tübingen / Heidelberg 1978.

Band VIII: Staat, Recht und Politik, herausgegeben von Hermann Josef Meyer, Tübingen / Heidelberg 1970.

Band IX: Philosophie und Psychologie der Religion, herausgegeben von Hans Walter Bähr, Tübingen / Heidelberg 1974.

Band X: Hochschule und Gesellschaft, herausgegeben von Walter Sachs, Tübingen / Heidelberg 1973.

Band XI: Erzieher zur Humanität. Studien zur Vergegenwärtigung pädagogischer Gestalten und Ideen, herausgegeben von Otto Dürr, Tübingen / Heidelberg 1972.

•••

Spranger, Eduard: Kultur und Erziehung. Gesammelte pädagogische Aufsätze, 4. vermehrte Auflage, Leipzig 1928.

Spranger, Eduard: Texte für die Mittwochs-Gesellschaft 1935–1944, 2. überarbeitete Auflage, München 1988.

Spranger, Eduard: Volk, Staat, Erziehung. Gesammelte Reden und Aufsätze, Leipzig 1932.

b) Monographien

Spranger, Eduard: Die Grundlagen der Geschichtswissenschaft. Eine erkenntnistheoretisch-psychologische Untersuchung, Berlin 1905.

Spranger, Eduard: Gedanken zur staatsbürgerlichen Erziehung (Schriftenreihe der Bundeszentrale für Heimatdienst, Heft 26), Bonn 1957.

Spranger, Eduard: Lebensformen. Geisteswissenschaftliche Psychologie und Ethik der Persönlichkeit, unveränderter Nachdruck der 5., vielfach verbesserten Auflage, Tübingen 1950.

Spranger, Eduard: Psychologie des Jugendalters, 23. Auflage, Heidelberg 1953.

1. Primärquellen

Spranger, Eduard: Schule und Lehrerschaft 1813/1913. Rede, gehalten im Leipziger Lehrerverein, Leipzig 1913

Spranger, Eduard: Wilhelm von Humboldt und die Humanitätsidee, 2. unveränderte (durch photomechanischen Druck hergestellte) Auflage, Berlin 1928.

c) Aufsätze und Artikel

Spranger, Eduard: Allgemeine Menschenbildung?, in: Spranger, Eduard: Gesammelte Schriften, Band II: Philosophische Pädagogik, herausgegeben von Otto Friedrich Bollnow und Gottfried Bräuer, Tübingen / Heidelberg 1973, S. 383–398.

Spranger, Eduard: Das deutsche Bildungsideal der Gegenwart in geschichtsphilosophischer Beleuchtung, in: Spranger, Eduard: Gesammelte Schriften, Band V: Kulturphilosophie und Kulturkritik, herausgegeben von Hans Wenke, Tübingen / Heidelberg 1969, S. 30–106.

Spranger, Eduard: Das Gesetz der ungewollten Nebenwirkungen in der Erziehung, in: Spranger, Eduard: Gesammelte Schriften, Band I: Geist der Erziehung, herausgegeben von Gottfried Bräuer und Andreas Flitner, Tübingen / Heidelberg 1969, S. 348–405.

Spranger, Eduard: Das humanistische und das politische Bildungsideal im heutigen Deutschland, in: Spranger, Eduard: Volk, Staat, Erziehung. Gesammelte Reden und Aufsätze, Leipzig 1932, S. 1–33.

Spranger, Eduard: Das Preußische, in: Spranger, Eduard: Gesammelte Schriften, Band VIII: Staat, Recht und Politik, herausgegeben von Hermann Josef Meyer, Tübingen / Heidelberg 1970, S. 392–410.

Spranger, Eduard: Der Anteil des Neuhumanismus an der Entstehung des deutschen Nationalbewusstseins, in: Spranger, Eduard: Volk, Staat, Erziehung. Gesammelte Reden und Aufsätze, Leipzig 1932, S. 34–56.

Spranger, Eduard: Der geborene Erzieher, in: Spranger, Eduard: Gesammelte Schriften, Band I: Geist der Erziehung, herausgegeben von Gottfried Bräuer und Andreas Flitner, Tübingen / Heidelberg 1969, S. 280–338.

Spranger, Eduard: Der gegenwärtige Stand der Geisteswissenschaft und die Schule, in: Spranger, Eduard: Gesammelte Schriften, Band I: Geist der Erziehung, herausgegeben von Gottfried Bräuer und Andreas Flitner, Tübingen / Heidelberg 1969, S. 20–69.

Spranger, Eduard: Der Humanitätsgedanke und seine Problematik III, in: Spranger, Eduard: Gesammelte Schriften, Band IX: Philosophie und Psychologie der Religion, herausgegeben von Hans Walter Bähr, Tübingen / Heidelberg 1974, S. 303–314.

Spranger, Eduard: Der Lehrer als Erzieher zur Freiheit, in: Spranger, Eduard: Gesammelte Schriften, Band II: Philosophische Pädagogik, herausgegeben von Otto Friedrich Bollnow und Gottfried Bräuer, Tübingen / Heidelberg 1973, S. 327–340.

Spranger, Eduard: Der politische Mensch als Bildungsziel, in: Die Erziehung. Monatsschrift für den Zusammenhang von Kultur und Erziehung in Wissenschaft und Leben, 9. Jg. (1934), S. 65–79.

Spranger, Eduard: Die Epochen der politischen Erziehung in Deutschland, in: Die Erziehung. Monatsschrift für den Zusammenhang von Kultur und Erziehung in Wissenschaft und Leben, 13. Jg. (1938), S. 137–164.

Spranger, Eduard: Die Frage der deutschen Schuld, in: Spranger, Eduard: Gesammelte Schriften, Band VIII: Staat, Recht und Politik, herausgegeben von Hermann Josef Meyer, Tübingen / Heidelberg 1970, S. 260–267.

Spranger, Eduard: Die Generationen und die Bedeutung des Klassischen in der Erziehung, in: Spranger, Eduard: Gesammelte Schriften, Band I: Geist der Erziehung, herausgegeben von Gottfried Bräuer und Andreas Flitner, Tübingen / Heidelberg 1969, S. 70–89.

Spranger, Eduard: Die Individualität des Gewissens und der Staat, in: Spranger, Eduard: Gesammelte Schriften, Band VIII: Staat, Recht und Politik, herausgegeben von Hermann Josef Meyer, Tübingen / Heidelberg 1970, S. 1–33.

Spranger, Eduard: Die männliche Jugend und die Politik, Band VIII: Staat, Recht und Politik, herausgegeben von Hermann Josef Meyer, Tübingen / Heidelberg 1970, S. 192–205.

Spranger, Eduard: Die Universität Berlin nach Kriegsende 1945, in: Spranger, Eduard: Gesammelte Schriften, Band X: Hochschule und Gesellschaft, Tübingen / Heidelberg 1973, S. 273–321.

Spranger, Eduard: Die Widerstandskraft im modernen Kriege (Rezension), in: Die Erziehung, Monatsschrift für den Zusammenhang von Kultur und Erziehung in Wissenschaft und Leben, 12. Jg. (1937), S. 135–138.

Spranger, Eduard: Die Wirklichkeit der Geschichte, in: Spranger, Eduard: Gesammelte Schriften, Band VIII: Staat, Recht und Politik, herausgegeben von Hermann Josef Meyer, Tübingen / Heidelberg 1970, S. 232–259.

Spranger, Eduard: Ein Professorenleben im 20. Jahrhundert, in: Spranger, Eduard: Gesammelte Schriften, Band X: Hochschule und Gesellschaft, herausgegeben von Walter Sachs, Tübingen / Heidelberg 1973, S. 342–360.

1. Primärquellen

Spranger, Eduard u. a.: Erklärung zum Fall Krieck, in: Die Erziehung. Monatsschrift für den Zusammenhang von Kultur und Erziehung in Wissenschaft und Leben, 7. Jg. (1932), S. 192–193.

Spranger, Eduard: Erziehung zum Verantwortungsbewusstsein, in: Spranger, Eduard: Gesammelte Schriften, Band I: Geist der Erziehung, herausgegeben von Gottfried Bräuer und Andreas Flitner, Tübingen / Heidelberg 1969, S. 339–347.

Spranger, Eduard: Fünf Jugendgenerationen 1900–1949, in: Spranger, Eduard: Gesammelte Schriften, Band VIII: Staat, Recht und Politik, herausgegeben von Hermann Josef Meyer, Tübingen / Heidelberg 1970, S. 318–344.

Spranger, Eduard: Gegenwart, in: Spranger, Eduard: Volk, Staat, Erziehung. Gesammelte Reden und Aufsätze, Leipzig 1932, S. 176–211.

Spranger, Eduard: Grundfragen der philosophischen Pädagogik, in: Spranger, Eduard: Gesammelte Schriften, Band II: Philosophische Pädagogik, herausgegeben von Otto Friedrich Bollnow und Gottfried Bräuer, Tübingen / Heidelberg 1973, S. 208–221.

Spranger, Eduard: Grundstile der Erziehung, in: Spranger, Eduard: Gesammelte Schriften, Band I: Geist der Erziehung, herausgegeben von Gottfried Bräuer und Andreas Flitner, Tübingen / Heidelberg 1969, S. 208–231.

Spranger, Eduard: Kurze Selbstdarstellung, in: Bähr, Hans Walter / Wenke, Hans (Hrsg.): Eduard Spranger. Sein Werk und sein Leben, Heidelberg 1964, S. 13–21.

Spranger, Eduard: Macht und Grenzen des Einflusses der Erziehung auf die Zukunft, in: Spranger, Eduard: Gesammelte Schriften, Band I: Geist der Erziehung, herausgegeben von Gottfried Bräuer und Andreas Flitner, Tübingen / Heidelberg 1969, S. 189–207.

Spranger, Eduard: Männliche Jugend, in: Spranger, Eduard: Gesammelte Schriften, Band IV: Psychologie und Menschenbildung, herausgegeben von Walter Eisermann, Tübingen / Heidelberg 1974, S. 206–262.

Spranger, Eduard: März 1933, in: Die Erziehung. Monatsschrift für den Zusammenhang von Kultur und Erziehung in Wissenschaft und Leben, 8. Jg. (1933), S. 402–408.

Spranger, Eduard: Mein Konflikt mit der nationalsozialistischen Regierung 1933, in: Universitas. Zeitschrift für Wissenschaft, Kunst und Literatur, 10. Jg. (1955), Heft 5, S. 457–473.

Spranger, Eduard: Nachwort 1948, in: Spranger, Eduard: Psychologie des Jugendalters (1924), 23. Auflage, Heidelberg 1953, S. 323.

Spranger, Eduard: Probleme der politischen Volkserziehung, in: Spranger, Eduard: Volk, Staat, Erziehung. Gesammelte Reden und Aufsätze, Leipzig 1932, S. 77–106.

Spranger, Eduard: Recht und Grenzen des Staates in den Bildungsaufgaben der Gegenwart, in: Spranger, Eduard: Volk, Staat, Erziehung. Gesammelte Reden und Aufsätze, Leipzig 1932, S. 153–175.

Spranger, Eduard: Rückblick, in: Spranger, Eduard: Gesammelte Schriften, Band X: Hochschule und Gesellschaft, herausgegeben von Walter Sachs, Tübingen / Heidelberg 1973, S. 428–430.

Spranger, Eduard: Über die Besonderheit der jüdischen Jugend. Aus einem Brief, in: Der Jugendbund. Mitteilungen des Verbandes der Jüdischen Jugendvereine Deutschlands, 2. Jg. (1926), Heft 14, S. 1.

Spranger, Eduard: Über Erziehung zum deutschen Volksbewusstsein, in: Spranger, Eduard: Volk, Staat, Erziehung. Gesammelte Reden und Aufsätze, Leipzig 1932, S. 57–76.

Spranger, Eduard: Über Herbert Theodor Beckers Werk „Die Kolonialpädagogik der großen Mächte" (Rezension), in: Die Erziehung, Monatsschrift für den Zusammenhang von Kultur und Erziehung in Wissenschaft und Leben, 15. Jg. (1940), S. 75–79.

Spranger, Eduard: Über Land und Volk Deutschlands, in: Japanisch-Deutsche Medizinische Gesellschaft (Hrsg.): Erinnerungen an die Gedenktage für Jiro Harada, den verstorbenen Gründer der Stiftung Harada-Sekizenkai, Tokio 1937, S. 25–36.

Spranger, Eduard: Verstrickung und Ausweg. Ein Wort über die Jugend, in: Spranger, Eduard: Gesammelte Schriften, Band VIII: Staat, Recht und Politik, herausgegeben von Hermann Josef Meyer, Tübingen / Heidelberg 1970, S. 268–276.

Spranger, Eduard: Volksmoral und persönliche Sittlichkeit, in: Spranger, Eduard: Gesammelte Schriften, Band V: Kulturphilosophie und Kulturkritik, herausgegeben von Hans Wenke, Tübingen / Heidelberg 1969, S. 247–264.

Spranger, Eduard: Vorwort, in: Spranger, Eduard: Volk, Staat, Erziehung. Gesammelte Reden und Aufsätze, Leipzig 1932, S. V–VI.

Spranger, Eduard: Wege und Ziele der Völkercharakterologie, in: Spranger, Eduard: Gesammelte Schriften, Band IV: Psychologie und Menschenbildung, herausgegeben von Walter Eisermann, Tübingen / Heidelberg 1974, S. 305–327.

Spranger, Eduard: Wege und Ziele der Völkercharakterologie, in: Spranger, Eduard: Gesammelte Schriften, Band IV: Psychologie und Menschenbildung, herausgegeben von Walter Eisermann, Tübingen / Heidelberg 1974, S. 305–327.

Spranger, Eduard: Wohlfahrtsethik und Opferethik in den Weltentscheidungen der Gegenwart, in: Spranger, Eduard: Volk, Staat, Erziehung. Gesammelte Reden und Aufsätze, Leipzig 1932, S. 107–134.

Spranger, Eduard: Zur geistigen Lage der Gegenwart, in: Spranger, Eduard: Gesammelte Schriften, Band V: Kulturphilosophie und Kulturkritik, herausgegeben von Hans Wenke, Tübingen / Heidelberg 1969, S. 211–232.

Spranger, Eduard: Volkskenntnis, Volksbildung, Volkseinheit, in: Spranger, Eduard: Volk, Staat, Erziehung. Gesammelte Reden und Aufsätze, Leipzig 1932, S. 135–152.

d) Briefwechsel

Englert, Ludwig (Hrsg.): Georg Kerschensteiner – Eduard Spranger. Briefwechsel 1912–1931, München / Wien / Stuttgart 1966.

Lück, Helmut E. / Quanz, Dietrich R. (Hrsg.): Der Briefwechsel zwischen Carl Diem und Eduard Spranger (Schriften der Deutschen Sporthochschule Köln, Band 31), Sankt Augustin 1995.

Martinsen, Sylvia / Sacher, Werner (Hrsg.): Eduard Spranger und Käthe Hadlich. Eine Auswahl aus den Briefen der Jahre 1903–1960, Bad Heilbrunn 2002.

Kurze Anmerkungen zu ausgewählten Werken der Sekundärliteratur

Die Sekundärliteratur über Eduard Spranger ist sehr umfangreich; leider existiert keine umfassende und übersichtliche Bibliographie darüber.[228] Auffällig ist, dass sich die meisten Publikationen mit Einzelaspekten aus dem Gesamtwerk Sprangers befassen. Es ist nicht Aufgabe dieser Studie, ausführliche Zusammenfassungen und Bewertungen der bisherigen Spranger-Rezeption zu verfassen. Vielmehr soll ein erster Überblick gegeben und auf einige Publikationen über Eduard Spranger exemplarisch kurz eingegangen werden.

Bis Ende der 1980er Jahre und vor allem jedoch bis zum Tod Sprangers 1963, herrscht eine weitgehend huldigende, zumindest jedoch wohlwollend zustimmende Spranger-Rezeption vor.[229] Eine besondere Stellung nehmen hierbei die *Fest- und*

---

[228] Im Spranger-Archiv Braunschweig befanden sich bereits 2001 über 700 Titel (vgl. Meyer-Willner, Gerhard (Hrsg.): Eduard Spranger. Aspekte seines Werks aus heutiger Sicht. Mit einer bisher unveröffentlichten autobiographischen Skizze von Eduard Spranger, Bad Heilbrunn 2001, S. 7).

[229] Einzelne Ausnahmen bestätigen diese Regel, so Fritz Hellings Spranger-Kritiken 1933 und 1963 (Helling, Fritz: Spranger als politischer Pädagoge, in: Die neue Erziehung. Monatsschrift für entschiedene Schulreform und freiheitliche Schulpolitik, 15. Jg. (1933), Heft 1, S. 80–88 und Helling, Fritz: Eduard Sprangers Weg zu Hitler, in: Schule und Nation. Zeitschrift für ein

Gedenkschriften für Eduard Spranger ein. Für diese Sammelwerke, herausgegeben von Schülern und Freunden Sprangers,[230] ist kennzeichnend, dass sie in der Regel hauptsächlich Texte enthalten, die sich nicht ursächlich mit der Person oder dem Werk Eduard Sprangers beschäftigen. Vielmehr werden allgemeine Themen der Geisteswissenschaft, Pädagogik, Ästhetik usw. behandelt. Wird auf die Person und das Werk Sprangers selbst eingegangen, dann in der oben beschriebenen unkritischen Form.

Neben den zu den runden Geburtstagen Sprangers erschienenen Festschriften sind noch folgende Sammelbände zu nennen: „Eduard Spranger. Sein Werk und sein Leben"[231], wurde von *Hans Walter Bähr und Hans Wenke*[232] herausgegeben und enthält hauptsächlich Texte, die anlässlich des Tods Sprangers 1963 verfasst wurden. „Maßstäbe. Perspektiven des Denkens von Eduard Spranger"[233], herausgegeben von *Walter Eisermann, Hermann J. Meyer und Hermann Röhrs,* nimmt insofern eine Sonderstellung ein, weil er neben Beiträgen aus dem Kreis der Herausgeber der „Gesammelten Schriften" auch Beiträge von Spranger-Kritikern wie *Gerhard Meyer-Willner* enthält.

Auffällig für die Publikationen aus dem Lager der Spranger-Apologeten sind vor allem zwei Aspekte. Zum einen bricht bei der wohlwollenden Spranger-Forschung die Betrachtung 1933 oft abrupt ab, so beispielsweise bei *Werner Sacher* in „Eduard

---

demokratisches Bildungswesen, 13. Jg. (1966), Heft 2, S. 1–4) sowie einige Schriften aus der DDR (zum Beispiel in: König, Helmut: Imperialistische und militaristische Erziehung in den Hörsälen und Schulstuben Deutschlands 1870–1960, Berlin 1962 sowie die verschiedenen Ausgaben des Lehrbuchs „Geschichte der Erziehung", Berlin 1957, 1973 und 1988).

[230] So z. B. von Hans Walter Bähr, seinem Nachlassverwalter, Theodor Litt, dem Mitherausgeber der Zeitschrift „Die Erziehung" oder seinem Schüler Hans Wenke.

[231] Bähr, Hans Walter / Wenke, Hans (Hrsg.): Eduard Spranger. Sein Werk und sein Leben, Heidelberg 1964.

[232] Wenke, der auch Mitherausgeber der „Gesammelten Schriften" Eduard Sprangers ist, war in der NS-Zeit zunächst Schriftleiter, später zusammen mit Spranger Herausgeber der Zeitschrift „Die Erziehung". 1942 widmet er seinem Freund und Lehrer einen Beitrag in der von ihm herausgegebenen Festschrift „Geistige Gestalten und Probleme. Eduard Spranger zum 60. Geburtstag" (Leipzig 1942). Der Aufsatz trägt den Titel bezeichnenden „Zur Philosophie des totalen Krieges" („Nach Vorträgen, die in der Ortsgruppe der Deutschen Philosophischen Gesellschaft und der Gesellschaft für Wehrpolitik und Wehrwissenschaften in Berlin und auf dem Gau-Appell des NS-Rechtswahrerbundes in Düsseldorf gehalten wurden."; Wenke, Hans: Zur Philosophie des totalen Krieges, in: Wenke, Hans (Hrsg.): Geistige Gestalten und Probleme, Leipzig 1942, S. 267).

[233] Eisermann, Walter / Meyer, Hermann J. / Röhrs, Hermann (Hrsg.): Maßstäbe. Perspektiven des Denkens von Eduard Spranger, Düsseldorf 1983.

Kurze Anmerkungen zu ausgewählten Werken der Sekundärliteratur

Spranger 1902–1933"[234]. Hier wird eine Zäsur in Sprangers pädagogischem Denken unterstellt oder behauptet, die es so nicht gegeben hat.[235] Zum anderen wird in den verschiedenen Abhandlungen über Spranger (meist zu Einzelaspekten seines Werks) in der Regel auf den der Zusammenhang zwischen seiner Pädagogik und seiner politischen Haltung nicht eingegangen. Stellenweise werden sogar zentrale Aspekte seiner Staatspädagogik bewusst ausgeklammert, wie etwa von *Yung-Yae Han* in seinem Buch „Eduard Sprangers Pädagogik".[236]

Der hier gewählte Begriff der Apologeten muss insofern eingeschränkt werden, als sich keiner der genannten Autoren positiv auf die Äußerungen Sprangers bezieht, in denen seine Unterstützung des NS-Systems zum Ausdruck kommt. Wenn auf diese Äußerungen überhaupt eingegangen wird, dann mit der Intention der Relativierung oder des nachträglichen „Zurechtbiegens".

Weiterhin sind besonders folgende Arbeiten zu Eduard Spranger von Interesse: Die Arbeit von *Sang-O Lee* behandelt „Eduard Sprangers Beitrag zur Theorie der Erwachsenenbildung"[237]. Der von *Joachim S. Hohmann* herausgegebene Sammelband bietet „Beiträge zur Philosophie Eduard Sprangers"[238], u. a. von Sacher, Hohmann und Litt. *Jürg Blickenstorfer* kommt in seiner Arbeit „Pädagogik in der Krise"[239] zu dem Schluss, dass „Sprangers System der sechs Seelen- und Kulturbereiche (…) die theoretische Basis zur Lösung der primären Aufgaben einer philosophischen Pädagogik" bildet (S. 179).

---

[234] Sacher, Werner: Eduard Spranger 1902–1933. Ein Erziehungsphilosoph zwischen Dilthey und den Neukantianern (Europäische Hochschulschriften, Reihe 11: Pädagogik, Band 347), Frankfurt am Main / Bern / New York / Paris 1988.

[235] Vgl. ebenda, S. 20.

[236] Han, Yung-Yae: Eduard Sprangers Pädagogik. Moralische Erziehung als Brennpunkt des Geisteslebens (Europäische Hochschulschriften, Reihe 11: Pädagogik, Band 604), Frankfurt am Main / Berlin / Bern / New York / Paris / Wien 1994.
Dort heißt es: „Zum anderen glaube ich, darauf verzichten zu dürfen, auf pädagogische Auffassungen (…) einzugehen, die das Zentrum von Sprangers Erziehungstheorie nicht unmittelbar berühren. Sie beziehen sich auf pädagogische Spezialgebiete wie (…) staatsbürgerliche Erziehung (…)." (Ebenda, S. 14)

[237] Lee, Sang-O: Eduard Sprangers Beitrag zur Theorie der Erwachsenenbildung, Tübingen 1994.

[238] Hohmann, Joachim S. (Hrsg.): Beiträge zur Philosophie Eduard Sprangers (Philosophische Schriften, Band 17), Berlin 1996.

[239] Blickenstorfer, Jürg: Pädagogik in der Krise. Hermeneutische Studie, mit Schwerpunkt Nohl, Spranger, Litt zur Zeit der Weimarer Republik, Bad Heilbrunn 1998.

Eva Matthes behauptet in ihrer Arbeit „Geisteswissenschaftliche Pädagogik nach der NS-Zeit"[240] in direktem Widerspruch zu den Ergebnissen der vorliegenden Arbeit, dass Spranger „sein politisches und pädagogisches Nachdenken nach 1945 in den Dienst eines ‚Nie wieder!' " gestellt habe und seine „Verurteilung der NS-Diktatur" entschieden gewesen sei.[241] *Karin Priem* hat sich in ihrer Arbeit „Bildung im Dialog"[242] einem sehr speziellen Thema in einer eng abgesteckten Zeitspanne gewidmet, der Korrespondenz Sprangers mit Frauen und seinem Profil als Wissenschaftler 1903–1924.

Der Arbeit „Zum Wandel der kulturphilosophischen und pädagogischen Ansätze Eduard Sprangers in seiner mittleren Schaffensperiode und in seinem Spätwerk"[243] von *Eberhard Reich* muss zunächst zugute gehalten werden, dass sie die künstliche Zäsur des Jahres 1933 nicht setzt. Jedoch wird in dieser sehr detaillierten Untersuchung von Sprangers Pädagogik fast kein Bezug zu seinen politischen Positionen hergestellt. Zu den Beiträgen, die sich mit Sprangers Wirken nach 1933 befassen (die nicht konkret benannt werden) und in denen eine politische Bewertung vorgenommen wird, schreibt Reich: „Soweit diese Beiträge sich nicht von vornherein durch ihre Einseitigkeit selbst disqualifizieren, sind sie letztlich wenig ergiebig."[244] In dem von *Birgit Ofenbach* herausgegebenen Sammelband „Eduard Spranger. Kultur und Erziehung. Gesammelte pädagogische Aufsätze"[245] mit anschließenden Werkinterpretationen fällt Sprangers Parteinahme für die NS-Diktatur völlig unter den Tisch. Sein Japan-Aufenthalt als offizieller Repräsentant NS-Deutschlands wird hier zum „Ausweichen vor dem NS-Regime" und seine Tätigkeit als Heerespsychologe im Zweiten Weltkrieg zur „inneren Emigration".[246]

---

[240] Matthes, Eva: Geisteswissenschaftliche Pädagogik nach der NS-Zeit. Politische und pädagogische Verarbeitungsversuche, Bad Heilbrunn 1998.

[241] Ebenda, S. 115.

[242] Priem, Karin: Bildung im Dialog. Eduard Sprangers Korrespondenz mit Frauen und sein Profil als Wissenschaftler 1903–1924 (Beiträge zur historischen Bildungsforschung, Band 24), Köln / Weimar / Wien 2000.

[243] Reich, Eberhard: Zum Wandel der kulturphilosophischen und pädagogischen Ansätze Eduard Sprangers in seiner mittleren Schaffensperiode und in seinem Spätwerk, Tübingen 2000.

[244] Ebenda, S. 299.

[245] Ofenbach, Birgit: Eduard Spranger. Kultur und Erziehung. Gesammelte pädagogische Aufsätze (Werkinterpretationen pädagogischer Klassiker), Darmstadt 2002.

[246] Ebenda, S. 111 f.

Kurze Anmerkungen zu ausgewählten Werken der Sekundärliteratur

Ute Waschulewski widmet sich in ihrer Arbeit „Die Wertpsychologie Eduard Sprangers"[247] der Frage, ob Sprangers „Lebensformen" heute noch zeitgemäß sind. In dieser Arbeit versucht Waschulewski, anhand von Fragebögen die Gültigkeit der „Lebensformen" empirisch zu belegen. Sie kommt zu dem Schluss, dass es nach ihrer Untersuchung keinen Beleg dafür gebe, dass Sprangers Theorie als veraltet angesehen werden müsse: „Wird sie (vorsichtig) in die heutige Zeit transformiert, ist sie in der Lage, die Antwort auf eine aktuelle sozialpsychologische Fragestellung zu geben, sofern das zu untersuchende Phänomen auf geistigen Akten des Handelns und / oder Erlebens basiert."[248]

Aus dem Lager der Kritiker Eduard Sprangers sind vor allem die Beiträge von *Wolfgang Keim* und *Klaus Himmelstein* hervorzuheben. Beide beschäftigen sich vorrangig mit Sprangers Haltung zum NS-Faschismus, seinem Antisemitismus und seinem Umgang mit der NS-Zeit nach 1945.[249]

Weiter ist *Gerhard Meyer-Willners* Arbeit „Eduard Spranger und die Lehrerbildung"[250] zu nennen, in der er Sprangers Positionen zur Lehrerausbildung kritisch

---

[247] Waschulewski, Ute: Die Wertpsychologie Eduard Sprangers. Eine Untersuchung zur Aktualität der „Lebensformen" (Texte zur Sozialpsychologie, Band 8), Münster / New York / München / Berlin 2002.

[248] Ebenda, S. 299.

[249] Exemplarisch seien hier genannt:
Keim, Wolfgang: Erziehung im Nationalsozialismus. Ein Forschungsbericht (Erwachsenenbildung in Österreich, Beiheft 1990), Wien 1990.
Keim, Wolfgang: Erziehung unter der Nazi-Diktatur. Band I und II, Darmstadt 1997.
Keim, Wolfgang (Hrsg.): Erziehungswissenschaft und Nationalsozialismus – Eine kritische Positionsbestimmung (Forum Wissenschaft, Studienheft Nr. 9), Marburg 1990.
Himmelstein, Klaus: „Wäre ich jung, wäre ich Nationalsozialist…". Anmerkungen zu Eduard Sprangers Verhältnis zum deutschen Faschismus, in: Keim, Wolfgang (Hrsg.): Erziehungswissenschaft und Nationalsozialismus – Eine kritische Positionsbestimmung (Forum Wissenschaft, Studienheft Nr. 9), Marburg 1990, S. 39–59.
Himmelstein, Klaus: Die Konstruktion des Deutschen gegen das Jüdische im Diskurs Eduard Sprangers, in: Meyer-Willner, Gerhard (Hrsg.): Eduard Spranger. Aspekte seines Werks aus heutiger Sicht. Mit einer bisher unveröffentlichten autobiographischen Skizze von Eduard Spranger, Bad Heilbrunn 2001, S. 53–72.
Himmelstein, Klaus: Eduard Spranger und der Nationalsozialismus, in: Sacher, Werner / Schraut, Alban (Hrsg.): Volkserzieher in dürftiger Zeit. Studien über Leben und Wirken Eduard Sprangers. Beiträge zum Internationalen Spranger-Symposion in Nürnberg am 11./12. Oktober 2002 (Erziehungskonzeptionen und Praxis, Band 59), Frankfurt am Main / Berlin / Bern / Brüssel / New York / Oxford / Wien 2004, S. 105–120.

[250] Meyer-Willner, Gerhard: Eduard Spranger und die Lehrerbildung. Die notwendige Revision eines Mythos, Bad Heilbrunn 1986.

beleuchtet, sowie der von ihm herausgegebene Sammelband „Eduard Spranger. Aspekte seines Werks aus heutiger Sicht"[251]. Hierin ist neben dem Beitrag von Klaus Himmelstein vor allem der Aufsatz „Erziehung nach dem Faschismus"[252] von *F. Hartmut Paffrath* von Bedeutung.

Einen guten Einblick in Sprangers Rolle bei der Zeitschrift „Die Erziehung" gibt die Arbeit „Pädagogische Zeitschriften im Nationalsozialismus"[253] von *Klaus-Peter Horn*.[254]

2. Sekundärliteratur

Adorno, Theodor W.: Theorie der Halbbildung, Frankfurt am Main 2006.

Aster, Ernst von: Metaphysik des Nationalismus, in: Die Neue Rundschau, 43. Jg. der Freien Bühne (1932), Heft 1, S. 40–52.

Baacke, Dieter (Hrsg.): Pädagogische Biographieforschung. Orientierungen, Probleme, Beispiele, Weinheim / Basel 1985.

Baeumler, Alfred: Hitler und der Nationalsozialismus. Aufzeichnungen von 1945–1947, in: Der Pfahl. Jahrbuch aus dem Niemandsland zwischen Kunst und Wissenschaft, 5. Jg. (1991), S. 159–204.

Bähr, Hans Walter / Litt, Theodor / Louvaris, Nikolaus / Wenke, Hans (Hrsg.): Erziehung zur Menschlichkeit. Die Bildung im Umbruch der Zeit. Festschrift für Eduard Spranger zum 75. Geburtstag, 27. Juni 1957, Tübingen 1957.

Bähr, Hans Walter / Wenke, Hans (Hrsg.): Eduard Spranger. Sein Werk und sein Leben, Heidelberg 1964.

Bähr, Hans Walter: Briefe Eduard Sprangers zum Auftrag des Lehrers, der Schule und der Pädagogik, in: Fischer, Hans-Joachim (Hrsg.): Ethos und Kulturauftrag des

---

[251] Meyer-Willner, Gerhard (Hrsg.): Eduard Spranger. Aspekte seines Werks aus heutiger Sicht. Mit einer bisher unveröffentlichten autobiographischen Skizze von Eduard Spranger, Bad Heilbrunn 2001.

[252] Paffrath, F. Hartmut: Erziehung nach dem Faschismus, in: Meyer-Willner, Gerhard (Hrsg.): Eduard Spranger. Aspekte seines Werks aus heutiger Sicht. Mit einer bisher unveröffentlichten autobiographischen Skizze von Eduard Spranger, Bad Heilbrunn 2001, S. 73–89.

[253] Horn, Klaus-Peter: Pädagogische Zeitschriften im Nationalsozialismus. Selbstbehauptung, Anpassung, Funktionalisierung (Bibliothek für Bildungsforschung, Band 3), Weinheim 1996.

[254] Einen äußerst umfangreichen und detaillierten Überblick über den Stand der Forschung zu Eduard Spranger bietet das Kapitel „Die Auseinandersetzung mit und die Debatte über Eduard Spranger (ein Literaturbericht)", in: Ortmeyer, Benjamin: Eduard Spranger und die NS-Zeit (Frankfurter Beiträge zur Erziehungswissenschaft, Reihe Forschungsberichte, Band 7.1), Frankfurt am Main 2008, S. 127–343.

Lehrers. Festschrift für Wolfgang Hinrichs (Heidelberger Studien zur Erziehungswissenschaft, Band 42), Frankfurt am Main 1994, S. 16–38.

Bähr, Hans Walter: Nachwort, in: Spranger, Eduard: Gesammelte Schriften, Band VI: Grundlagen der Geisteswissenschaft, Tübingen / Heidelberg 1980, S. 345–351.

Bähr, Hans Walter: Nachwort, in: Spranger, Eduard: Gesammelte Schriften, Band VII: Briefe 1901–1963, Tübingen / Heidelberg 1978, S. 461–467.

Bähr, Hans Walter: Nachwort, in: Spranger, Eduard: Gesammelte Schriften, Band IX: Philosophie und Psychologie der Religion, Tübingen / Heidelberg 1974, S. 419–435.

Beitl, Diomira Margarita: Das Bild des Jugendlichen in der Psychologie des Jugendalters von Eduard Spranger und in der heutigen Jugendforschung, München 1967.

Bergmann, Bernhard: Dank der Volksschule an Eduard Spranger, in: Pädagogische Rundschau. Monatsschrift für Erziehung und Unterricht, 16. Jg. (1962), Heft 7–8, S. 538–545.

Bernfeld, Siegfried: Sisyphos oder die Grenzen der Erziehung, 9. Auflage, Frankfurt am Main 2003.

Blättner, Fritz: Die Zeitschrift „Die Erziehung", in: Wenke, Hans (Hrsg.): Eduard Spranger. Bildnis eines geistigen Menschen unserer Zeit. Zum 75. Geburtstag dargebracht von Freunden und Weggenossen, Heidelberg 1957, S. 361–370.

Blickenstorfer, Jürg: Pädagogik in der Krise. Hermeneutische Studie, mit Schwerpunkt Nohl, Spranger, Litt zur Zeit der Weimarer Republik, Bad Heilbrunn 1998.

Böhm, Winfried: Der Krieg als Erzieher. Die Verherrlichung des Krieges durch die Pädagogik, in: Gatzemann, Thomas / Göing, Anja Silvia (Hrsg.): Geisteswissenschaftliche Pädagogik, Krieg und Nationalsozialismus. Kritische Fragen nach der Verbindung von Pädagogik, Politik und Militär, Frankfurt am Main / Berlin / Bern / Brüssel / New York / Oxford / Wien 2004, S. 9–36.

Bollnow, Otto Friedrich: Die Pädagogik der deutschen Romantik. Von Arndt bis Fröbel. Eduard Spranger zum 70. Geburtstag, dem 27.6.1952, 2. Auflage, Stuttgart / Berlin / Köln / Mainz 1967.

Bollnow, Otto Friedrich: Eduard Spranger zum hundertsten Geburtstag (Festvortrag an der Eberhard-Karls-Universität Tübingen am 28. Juni 1982), in: Zeitschrift für Pädagogik, 28. Jg. (1982), Heft 4, S. 505–525.

Bollnow, Otto Friedrich: Eduard Spranger zum hundertsten Geburtstag, in: Bräuer, Gottfried / Kehrer, Fritz (Hrsg.): Eduard Spranger zum 100. Geburtstag am 27. Juni

1982. Dokumentation des Symposiums der Pädagogischen Hochschule Ludwigsburg am 8. Juni 1982 (Ludwigsburger Hochschulschriften, Band 1), Ludwigsburg 1983, S. 37–48.

Bollnow, Otto Friedrich: Erweckung des Gewissens. Zu Eduard Sprangers hundertstem Geburtstag, in: Sozialpädagogische Blätter, 33. Jg. (1982), Heft 6, S. 167–171.

Bollnow, Otto Friedrich: Gedenkworte auf Eduard Spranger, den Philosophen, Psychologen und Erzieher, in: Universitas. Zeitschrift für Wissenschaft, Kunst und Literatur, 18 Jg. (1963), Heft 10, S. 1049–1060.

Bollnow, Otto Friedrich: Rede zur Einweihung des Eduard-Spranger-Gymnasiums. Bernhausen, 23. November 1973, Bernhausen 1973.

Bollnow, Otto Friedrich: Sprangers Alterswerk – Wege einer Alterserkenntnis, in: Universitas. Zeitschrift für Wissenschaft, Kunst und Literatur, 17. Jg. (1962), Heft 6, S. 645–661.

Bosshart, Emilie: Die systematischen Grundlagen der Pädagogik Eduard Sprangers. Mit einer monographischen Bibliographie Eduard Sprangers (Studien und Bibliographien zur Gegenwartsphilosophie, Band 10), Leipzig 1935.

Bräuer, Gottfried / Flitner, Andreas: Nachwort, in: Spranger, Eduard: Gesammelte Schriften, Band I: Geist der Erziehung, Tübingen / Heidelberg 1969, S. 455–459.

Bräuer, Gottfried / Kehrer, Fritz (Hrsg.): Eduard Spranger zum 100. Geburtstag am 27. Juni 1982. Dokumentation des Symposiums der Pädagogischen Hochschule Ludwigsburg am 8. Juni 1982 (Ludwigsburger Hochschulschriften, Band 1), Ludwigsburg 1983.

Bräuer, Gottfried: Eduard Spranger, in: Speck, Josef (Hrsg.): Geschichte der Pädagogik des 20. Jahrhunderts. Von der Jahrhundertwende bis zum Ausgang der geisteswissenschaftlichen Epoche, Band 2, Stuttgart / Berlin / Köln / Mainz 1978, S. 66–78.

Brinkmann, Wilhelm / Harth-Peter, Waltraud (Hrsg.): Freiheit, Geschichte, Vernunft. Grundlinien geisteswissenschaftlicher Pädagogik. Winfried Böhm zum 22. März 1997, Würzburg 1997.

Brumlik, Micha: „...dieses Problem, von dem wir bis zuletzt nichts geahnt hatten." Nohl, Spranger, der Antisemitismus und die Frauen, in: Sozialwissenschaftliche Literatur-Rundschau (SLR). Sozialarbeit, Sozialpädagogik, Sozialpolitik, soziale Probleme, 28. Jg. (2005), Heft 50, S. 5–14.

Cillien, Ursula: Das Erziehungsverständnis in Pädagogik und evangelischer Theologie. Eine historisch-systematische Untersuchung zu den Lehren Sprangers,

2. Sekundärliteratur

Litts, Nohls, Frörs, Hammelsbecks und K. Barths (Aneignung und Begegnung, pädagogische Untersuchungen, Band II), Düsseldorf 1961.

Dietz, Burkhard (Hrsg.): Fritz Helling, Aufklärer und „politischer Pädagoge" im 20. Jahrhundert. Interdisziplinäre Beiträge zur intellektuellen Biographie, Wissenschaftsgeschichte und Pädagogik (Studien zur Bildungsreform, Band 43), Frankfurt am Main / Berlin / Bern / Brüssel / New York / Oxford / Wien 2003.

Dikow, Joachim (Hrsg.): Die Bedeutung biographischer Forschung für den Erzieher (Münstersche Gespräche zu Themen der Wissenschaftlichen Pädagogik, Heft 5), Münster 1988.

Doerry, Gerd: Der Begriff des Wertpersontypus bei Scheler und Spranger. Eine vergleichende Betrachtung zur Ethik der Persönlichkeit, Berlin 1958.

Drewek, Peter: Eduard Spranger (1882–1963), in: Tenorth, Heinz-Elmar (Hrsg.): Klassiker der Pädagogik. Zweiter Band: Von John Dewey bis Paulo Freire, München 2003, S. 137–151.

Dudek, Peter: „Der Rückblick auf die Vergangenheit wird sich nicht vermeiden lassen". Zur pädagogischen Verarbeitung des Nationalsozialismus in Deutschland (1945–1990), Opladen 1995.

Dudek, Peter: Eduard Spranger und der „Steglitzer Schülermordprozess". Ein Beitrag zur historischen Jugendforschung, in: Pädagogische Rundschau, 41. Jg. (1987), Heft 3, S. 293–312.

Eduard-Spranger-Heft. Universitas. Zeitschrift für Wissenschaft, Kunst und Literatur, 17. Jg. (1962), Heft 6.

Eisermann, Walter / Meyer, Hermann J. / Röhrs, Hermann (Hrsg.): Maßstäbe. Perspektiven des Denkens von Eduard Spranger, Düsseldorf 1983.

Eisermann, Walter: Der Abschied vom alten Bildungsideal – eine Herausforderung für die Schule. Überlegungen Eduard Sprangers in der Epoche des 1. Weltkrieges, in: Kirk, Sabine / Köhler, Johannes u. a. (Hrsg.): Schule und Geschichte. Funktionen der Schule in Vergangenheit und Gegenwart. Festschrift für Rudolf W. Keck zum 65. Geburtstag, Bad Heilbrunn 2000, S. 166–176.

Eisermann, Walter: Der Denker, der seinem Geist folgte. Leben und Werk Eduard Sprangers unter dem Primat des Gewissens, in: Pädagogische Rundschau, 37. Jg. (1983), Heft 4, S. 391–401.

Eisermann, Walter: Stellungnahme zu Fritz Hellings „Eduard Sprangers Weg zu Hitler", in: Schule und Nation. Zeitschrift für ein demokratisches Bildungswesen, 14. Jg. (1967), Heft 2, S. 17–18.

Literaturverzeichnis

Englert, Ludwig / Mursch, Siegfried: Bibliographie Eduard Spranger 1957–1962, in: Pädagogische Rundschau. Monatsschrift für Erziehung und Unterricht, 16. Jg. (1962), Heft 7–8, S. 631–644.

Englert, Ludwig: Der gegenwärtige Stand der Spranger-Forschung, in: Schindler, Ingrid (Hrsg.): Pädagogisches Denken in Geschichte und Gegenwart. Festschrift zum 65. Geburtstag von Josef Dolch, Ratingen 1964, S. 115–125

Englert, Ludwig: Eduard Spranger und Oswald Spengler, in: Koktanek, Anton Mirko / Schröter, Manfred (Hrsg.): Spengler-Studien. Festgabe für Manfred Schröter zum 85. Geburtstag, München 1965, S. 33–58.

Englert, Ludwig: Ernte aus fünf Jahren. Die Veröffentlichungen Eduard Sprangers 1957–1961, in: Pädagogische Rundschau. Monatsschrift für Erziehung und Unterricht, 16. Jg. (1962), Heft 7–8, S. 625–630.

Erbe, Michael: Rede bei der Enthüllung der Gedenktafel für Eduard Spranger am 2. September 1988, in: Henning, Uwe / Schmidt, Folker / Wallek, Beate (Hrsg.): Die Berliner Gedenktafel für Eduard Spranger 1988. Eine Dokumentation. Mit dem Text eines Wochenschauvortrags von 1943 und Briefen von Eduard Spranger, Berlin 1988, S. 17–21.

Eschenburg, Theodor: Gedenkworte auf Eduard Spranger, den Philosophen, Psychologen und Erzieher, in: Universitas. Zeitschrift für Wissenschaft, Kunst und Literatur, 18 Jg. (1963), Heft 10, S. 1047–1049.

Fechner-Mahn, Anneliese: „Das Wesen der Frau ist Liebe". Zu Eduard Sprangers 100. Geburtstag, in: Sozialpädagogische Blätter, 33. Jg. (1982), Heft 6, S. 161–166.

Flitner, Elisabeth: Vom Kampf der Professoren zum „Kampf der Götter". Max Weber und Eduard Spranger, in: Zeitschrift für Pädagogik, 44. Jg. (1998), Heft 6, S. 889–906.

Freytag, Horst: Der Strukturbegriff bei Spranger und seine Bedeutung für die Pädagogik, Braunschweig 1933.

Führ, Christoph / Furck, Carl-Ludwig (Hrsg.): Handbuch der deutschen Bildungsgeschichte, Band VI: 1945 bis zur Gegenwart, 1. Teilband: Bundesrepublik Deutschland, München 1998.

Führ, Christoph: Zur deutschen Bildungsgeschichte seit 1945, in: Führ, Christoph / Furck, Carl-Ludwig (Hrsg.): Handbuch der deutschen Bildungsgeschichte, Band VI: 1945 bis zur Gegenwart, 1. Teilband: Bundesrepublik Deutschland, München 1998, S. 1–24.

2. Sekundärliteratur

Gatzemann, Thomas / Göing, Anja Silvia (Hrsg.): Geisteswissenschaftliche Pädagogik, Krieg und Nationalsozialismus. Kritische Fragen nach der Verbindung von Pädagogik, Politik und Militär, Frankfurt am Main / Berlin / Bern / Brüssel / New York / Oxford / Wien 2004.

Giesecke, Hermann: Hitlers Pädagogen. Theorie und Praxis nationalsozialistischer Erziehung, Weinheim / München 1993.

Godon, Philipp: Kohlberg statt Kerschensteiner, Schumann und Kern statt Spranger, Habermas, Heydorn und Luhmann statt Fischer. Zum prekären Status der berufspädagogischen „Klassik", in: Arnold, Rolf (Hrsg.): Ausgewählte Theorien zur beruflichen Bildung (Grundlagen der Berufs- und Erwachsenenbildung, Band 7), Baltmannsweiler 1997, S. 3–24.

Gruschka, Andreas: Von Spranger zu Oevermann. Über die Determination des Textverstehens durch die hermeneutische Methode und zur Frage des Fortschritts innerhalb der interpretativen Verfahren der Erziehungswissenschaft, in: Zeitschrift für Pädagogik, 31. Jg. (1985), Heft 1, S. 77–95.

Günther, Karl-Heinz / Hofmann, Franz u. a. (Red.): Geschichte der Erziehung, 1. Auflage, Berlin 1957.

Günther, Karl-Heinz / Hofmann, Franz u. a. (Red.): Geschichte der Erziehung, 11. Auflage, Berlin 1973.

Günther, Karl-Heinz / Hofmann, Franz u. a. (Red.): Geschichte der Erziehung, 16. Auflage (durchgesehener Nachdruck der in Neufassung erschienenen 14. Auflage), Berlin 1988.

Haan, Gerhard de / Rülcker, Tobias (Hrsg.): Hermeneutik und Geisteswissenschaftliche Pädagogik. Ein Studienbuch (Berliner Beiträge zur Pädagogik, Band 3), Frankfurt am Main / Berlin / Bern / Brüssel / New York / Oxford / Wien 2002.

Habel, Werner: Pädagogik und Nationalsozialismus: Die Zeitschrift „Die Erziehung", in: Flessau, Kurt-Ingo / Nyssen, Elke / Pätzold, Günter (Hrsg.): Erziehung im Nationalsozialismus. „…und sie werden nicht mehr frei ihr ganzes Leben!", Köln / Wien 1987, S. 101–113.

Han, Yung-Yae: Eduard Sprangers Pädagogik. Moralische Erziehung als Brennpunkt des Geisteslebens (Europäische Hochschulschriften, Reihe 11: Pädagogik, Band 604), Frankfurt am Main / Berlin / Bern / New York / Paris / Wien 1994.

Hegel, Georg Friedrich Wilhelm: Philosophie der Weltgeschichte, Band I (Philosophische Bibliothek, Band 171a), 3. Auflage, Leipzig 1930.

Heicke, Herbert: Der Strukturbegriff als methodischer Grundbegriff einer geisteswissenschaftlichen Psychologie bei Dilthey und Spranger und seine Bedeutung für die Pädagogik (Hallische pädagogische Studien, Heft 5), Osterwieck 1928.

Heiland, Helmut: Eduard Spranger. Zur fünfundzwanzigsten Wiederkehr seines Todesjahres, in: Erziehen heute. Mitteilungen der Gemeinschaft Evangelischer Erzieher e. V., 38. Jg. (1988), Heft 4, S. 31–35.

Helfrich, Karl: Die Bedeutung des Typusbegriffs im Denken der Geisteswissenschaften. Eine wissenschaftstheoretische Untersuchung unter besonderer Berücksichtigung der Wissenschaftslehren von Wilhelm Dilthey, Eduard Spranger, Wilhelm Windelband, Heinrich Rickert und Max Weber, Gießen 1938.

Helling, Fritz: Eduard Sprangers Weg zu Hitler, in: Helling, Fritz: Pädagogen in gesellschaftlicher Verantwortung. Ausgewählte Schriften eines entschiedenen Schulreformers (Sozialhistorische Untersuchungen zur Reformpädagogik und Erwachsenenbildung, Band 7), Frankfurt am Main 1988, S. 139–149.

Helling, Fritz: Eduard Sprangers Weg zu Hitler, in: Schule und Nation. Zeitschrift für ein demokratisches Bildungswesen, 13. Jg. (1966), Heft 2, S. 1–4.

Helling, Fritz: Spranger als politischer Pädagoge, in: Die neue Erziehung. Monatsschrift für entschiedene Schulreform und freiheitliche Schulpolitik, 15. Jg. (1933), Heft 1, S. 80–88.

Henning, Uwe / Leschinsky, Achim (Hrsg.): Enttäuschung und Widerspruch. Die konservative Position Eduard Sprangers im Nationalsozialismus. Analysen – Texte – Dokumente, Weinheim 1991.

Henning, Uwe / Schmidt, Folker / Wallek, Beate (Hrsg.): Die Berliner Gedenktafel für Eduard Spranger 1988. Eine Dokumentation. Mit dem Text eines Wochenschauvortrags von 1943 und Briefen von Eduard Spranger, Berlin 1988.

Henning, Uwe: Eduard Spranger und Berlin – Tradition oder Erbe? (Ausstellungsführer der Universitätsbibliothek der Freien Universität Berlin, Band 24), Berlin 1992.

Henning, Uwe: Verblendungszusammenhang oder Ausblendung historischer Zusammenhänge? Der Stellenwert der Vorträge von Eduard Spranger in der Mittwochs-Gesellschaft 1935–1944 für die gegenwärtige Sprangerdiskussion, in: Spranger, Eduard: Texte für die Mittwochs-Gesellschaft 1935–1944, 2. überarbeitete Auflage, München 1988, S. 7–25.

Herrmann, Ulrich (Hrsg.): „Die Formung des Volksgenossen". Der „Erziehungsstaat" des Dritten Reiches (Geschichte des Erziehungs- und Bildungswesens in Deutschland, Band 6), Weinheim / Basel 1985.

2. Sekundärliteratur

Herrmann, Ulrich: Polemik und Hermeneutik, in: Zedler, Peter / König, Eckard (Hrsg.): Rekonstruktionen pädagogischer Wissenschaftsgeschichte. Fallstudien, Ansätze, Perspektiven (Beiträge zur Theorie und Geschichte der Erziehungswissenschaft, Band 1), Weinheim 1989, S. 295–316.

Hertel, Werner (Hrsg.): Die Lebensform des Erziehers. Zum Gedenken an Eduard Spranger (1882–1962), Speyer 1983.

Heydorn, Heinz-Joachim: Über den Widerspruch von Bildung und Herrschaft, Werke, Band 3, Vaduz 1995.

Himmelstein, Klaus / Keim, Wolfgang (Hrsg.): Die Schärfung des Blicks. Pädagogik nach dem Holocaust, Frankfurt am Main / New York 1996.

Himmelstein, Klaus: „Abgesandter meines Volkes und meiner Regierung" – Eduard Spranger in Japan, in: Horn, Klaus-Peter / Ogasawara, Michio / Sakakoshi, Masaki / Tenorth, Heinz-Elmar / Yamana, Jun / Zimmer, Hasko (Hrsg.): Pädagogik im Militarismus und im Nationalsozialismus. Japan und Deutschland im Vergleich, Bad Heilbrunn 2006, S. 99–118.

Himmelstein, Klaus: „Diese reiche Bewegung in gesunde Bahnen lenken". Zur Auseinandersetzung Eduard Sprangers mit der Reformpädagogik, in: Keim, Wolfgang / Weber, Norbert H. (Hrsg.): Reformpädagogik in Berlin. Tradition und Wiederentdeckung (Studien zur Bildungsreform, Band 30), Frankfurt am Main / Berlin / Bern / New York / Paris / Wien 1998, S. 257–276.

Himmelstein, Klaus: „Eduard Spranger und der Nationalsozialismus". Zur Auseinandersetzung Fritz Hellings mit Eduard Spranger, in: Dietz, Burkhard (Hrsg.): Fritz Helling, Aufklärer und „politischer Pädagoge" im 20. Jahrhundert. Interdisziplinäre Beiträge zur intellektuellen Biographie, Wissenschaftsgeschichte und Pädagogik (Studien zur Bildungsreform, Band 43), Frankfurt am Main / Berlin / Bern / Brüssel / New York / Oxford / Wien 2003, S. 303–315.

Himmelstein, Klaus: „Wäre ich jung, wäre ich Nationalsozialist…". Anmerkungen zu Eduard Sprangers Verhältnis zum deutschen Faschismus, in: Keim, Wolfgang (Hrsg.): Erziehungswissenschaft und Nationalsozialismus – Eine kritische Positionsbestimmung (Forum Wissenschaft, Studienheft Nr. 9), Marburg 1990, S. 39–59.

Himmelstein, Klaus: Die Juden müssen „aufhören, Juden sein zu wollen" – Antisemitismus bei Pädagogen vor 1933, in: Gamm, Hans-Jochen / Keim, Wolfgang (Red.): Erinnern – Bildung – Identität (Jahrbuch für Pädagogik 2003), Frankfurt am Main / Berlin / Bern / Brüssel / New York / Oxford / Wien 2004, S. 81–103.

Himmelstein, Klaus: Die Konstruktion des Deutschen gegen das Jüdische im Diskurs Eduard Sprangers, in: Meyer-Willner, Gerhard (Hrsg.): Eduard Spranger.

Aspekte seines Werks aus heutiger Sicht. Mit einer bisher unveröffentlichten autobiographischen Skizze von Eduard Spranger, Bad Heilbrunn 2001, S. 53–72.

Himmelstein, Klaus: Eduard Spranger und der Nationalsozialismus, in: Sacher, Werner / Schraut, Alban (Hrsg.): Volkserzieher in dürftiger Zeit. Studien über Leben und Wirken Eduard Sprangers. Beiträge zum Internationalen Spranger-Symposion in Nürnberg am 11./12. Oktober 2002 (Erziehungskonzeptionen und Praxis, Band 59), Frankfurt am Main / Berlin / Bern / Brüssel / New York / Oxford / Wien 2004, S. 105–120.

Himmelstein, Klaus: Eduard Sprangers Bildungsideal der „Deutschheit" – Ein Beitrag zur Kontingenzbewältigung in der modernen Gesellschaft?, in: Auernheimer, Georg / Gstettner, Peter (Red.): Pädagogik in multikulturellen Gesellschaften (Jahrbuch für Pädagogik 1996), Frankfurt am Main / Berlin / Bern / New York / Paris / Wien 1996, S. 179–196.

Himmelstein, Klaus: Eduard Sprangers deutsches Bildungsideal auf den Trümmern von 1945, in: Himmelstein, Klaus / Keim, Wolfgang (Hrsg.): Die Schärfung des Blicks. Pädagogik nach dem Holocaust, Frankfurt am Main / New York 1996, S. 61–76.

Himmelstein, Klaus: Käte Silber – Leben im Plural, in: Dust, Martin / Sturm, Christoph / Weiß, Edgar (Hrsg.): Pädagogik wider das Vergessen. Festschrift für Wolfgang Keim, Kiel 2000, S. 123–137.

Himmelstein, Klaus: Zur Konstruktion des Geschlechterverhältnisses in der pädagogischen Theorie Eduard Sprangers (1882–1963), in: Bracht, Ulla (Red.): Geschlechterverhältnisse und die Pädagogik (Jahrbuch für Pädagogik 1994), Frankfurt am Main 1994, S. 225–246.

Hinrichs, Wolfgang: Auf der Suche nach Lehrerbildern – Vorbildern! Pädagogische Liebe und Professionalität – Eduard Sprangers realistischer Beitrag, in: Pädagogische Rundschau, 54. Jg. (2000), S. 113–150.

Hohmann, Joachim S. (Hrsg.): Beiträge zur Philosophie Eduard Sprangers (Philosophische Schriften, Band 17), Berlin 1996.

Horn, Hermann: Eduard Spranger 27.6.1882–17.9.1963. Ausgewählte Gedanken zu seinem 100. Geburtstag, in: Erziehen heute. Mitteilungen der Gemeinschaft Evangelischer Erzieher e.V., 32. Jg. (1982), Heft 3, S. 23–28.

Horn, Klaus-Peter / Ogasawara, Michio / Sakakoshi, Masaki / Tenorth, Heinz-Elmar / Yamana, Jun / Zimmer, Hasko (Hrsg.): Pädagogik im Militarismus und im Nationalsozialismus. Japan und Deutschland im Vergleich, Bad Heilbrunn 2006.

2. Sekundärliteratur

Horn, Klaus-Peter: „Die Hauptsache ist, dass ein deutlicher Protest erfolgt." Die „Strafversetzung" Ernst Kriecks 1931 im Kontext, in: Jahrbuch für historische Bildungsforschung, Band 8, Bad Heilbrunn 2002, S. 289–320.

Horn, Klaus-Peter: Pädagogik Unter den Linden. Von der Gründung der Berliner Universität im Jahre 1810 bis zum Ende des 20. Jahrhunderts (Pallas Athene, Band 6), Stuttgart 2002.

Horn, Klaus-Peter: Pädagogische Zeitschriften im Nationalsozialismus. Selbstbehauptung, Anpassung, Funktionalisierung (Bibliothek für Bildungsforschung, Band 3), Weinheim 1996.

Horn, Klaus-Peter: Unklare Fronten. Zwei Dokumente zur Situation der Universitäten im Frühjahr 1933, in: Bruch, Rüdiger vom (Hrsg.): Jahrbuch für Universitätsgeschichte, 6. Jg. (2003), S. 161–168.

Huschke-Rhein, Rolf Bernhard: Das Wissenschaftsverständnis in der geisteswissenschaftlichen Pädagogik. Dilthey, Litt, Nohl, Spranger, Stuttgart 1979.

Jaide, Walter: Eduard Sprangers „Lebensformen" und die Erfordernisse heutiger Wertforschung, in: Hohmann, Joachim Stephan (Hrsg.): Beiträge zur Philosophie Eduard Sprangers (Philosophische Schriften, Band 17), Berlin 1996, S. 57–75.

Jens, Walter: Begegnung und Dank – Eduard Spranger zum 80. Geburtstag am 27. Juni 1962, in: Universitas. Zeitschrift für Wissenschaft, Kunst und Literatur, 17. Jg. (1962), Heft 6, S. 592–593.

Jost, Leonhard (Hrsg.): Eduard Spranger. Zur Bildungsphilosophie und Erziehungspraxis, Zürich 1983.

Karsch, Manfred: Identität als Einheit des Heterogenen. Untersuchungen zur Begründung einer Kulturpädagogik im Spannungsfeld von Affirmation und Autonomie bei Eduard Spranger und Ernst Troeltsch, Bochum / Freiburg 2003.

Keim, Wolfgang (Hrsg.): Erziehungswissenschaft und Nationalsozialismus – Eine kritische Positionsbestimmung (Forum Wissenschaft, Studienheft Nr. 9), Marburg 1990.

Keim, Wolfgang (Hrsg.): Pädagogen und Pädagogik im Nationalsozialismus – Ein unerledigtes Problem der Erziehungswissenschaft (Studien zur Bildungsreform, Band 16), 2. durchgesehene Auflage, Frankfurt am Main / Bern / New York / Paris 1990.

Keim, Wolfgang: „Vergangenheit", die nicht vergehen will, in: Pädagogik, 40. Jg. (1988), Heft 10, S. 34–39.

Literaturverzeichnis

Keim, Wolfgang: Bundesdeutsche Erziehungswissenschaft und Nationalsozialismus – eine kritische Bestandsaufnahme, in: Keim, Wolfgang (Hrsg.): Pädagogen und Pädagogik im Nationalsozialismus – Ein unerledigtes Problem der Erziehungswissenschaft (Studien zur Bildungsreform, Band 16), 2. durchgesehene Auflage, Frankfurt am Main / Bern / New York / Paris 1990, S. 15–34.

Keim, Wolfgang: Erziehung im Nationalsozialismus. Ein Forschungsbericht (Erwachsenenbildung in Österreich, Beiheft 1990), Wien 1990.

Keim, Wolfgang: Erziehung unter der Nazi-Diktatur. Band I: Antidemokratische Potentiale, Machtantritt und Machtdurchsetzung, Darmstadt 1997.

Keim, Wolfgang: Erziehung unter der Nazi-Diktatur. Band II: Kriegsvorbereitung, Krieg und Holocaust, Darmstadt 1997.

Keim, Wolfgang: Pädagogik und Nationalsozialismus. Zwischenbilanz einer Auseinandersetzung innerhalb der bundesdeutschen Erziehungswissenschaft, in: Neue Sammlung. Vierteljahres-Zeitschrift für Erziehung und Gesellschaft, 29. Jg. (1989), Heft 2, S. 186–208.

Keim, Wolfgang: Vergessen oder Verantwortung?, in: Forum Wissenschaft, 5. Jg. (1988), Heft 1, S. 40–45.

Klussmann, Rita: Die Idee des Erziehers bei Eduard Spranger vor dem Hintergrund seiner Bildungs- und Kulturauffassung (Europäische Hochschulschriften, Reihe 11: Pädagogik, Band 217), Frankfurt am Main / Bern / New York / Nancy 1984.

Knigge-Tesche, Renate (Hrsg.): Berater der braunen Macht. Wissenschaft und Wissenschaftler im NS-Staat, Frankfurt am Main 1999.

Kollmann, Roland: Bildung, Bildungsideal, Weltanschauung. Studien zur pädagogischen Theorie Eduard Sprangers und Max Frischeisen-Köhlers (Beiträge zur Erziehungswissenschaft), Ratingen / Kastellaun / Düsseldorf 1972.

König, Helmut: Imperialistische und militaristische Erziehung in den Hörsälen und Schulstuben Deutschlands 1870–1960, Berlin 1962.

Kupfer, Heinrich: Der Faschismus und das Menschenbild in der deutschen Pädagogik, in: Otto, Hans-Uwe / Sünker, Heinz (Hrsg.): Soziale Arbeit und Faschismus. Volkspflege und Pädagogik im Nationalsozialismus, Bielefeld 1986, S. 19–33.

Langewiesche, Dieter / Tenorth, Heinz-Elmar (Hrsg.): Handbuch der deutschen Bildungsgeschichte, Band 5: 1918–1945. Die Weimarer Republik und die nationalsozialistische Diktatur, München 1989.

2. Sekundärliteratur

Lassahn, Rudolf: Zu den psychologischen Vorbedingungen und Grenzen politischer Bildung bei E. Spranger, in: Pädagogische Rundschau, 37. Jg. (1983), Heft 4, S. 427–438.

Laugstien, Thomas: Die protestantische Ethik und der „Geist von Potsdam". Sprangers Rekonstruktion des Führerstaats aus dem Prinzip persönlicher Verantwortung, in: Haug, Wolfgang Fritz (Hrsg.): Deutsche Philosophen 1933 (Ideologische Mächte im deutschen Faschismus, Band 3), Hamburg 1989, S. 29–68.

Laugstien, Thomas: Geisteswissenschaftliche Psychologie im Kriegseinsatz, in: Weber, Klaus (Hrsg.): Unterstellte Subjekte : der Beitrag der deutschen Psychologie zur Faschisierung des Subjekts (Ideologische Mächte im deutschen Faschismus, Band 9; Argument-Sonderband, Neue Folge, Band 241), Berlin / Hamburg 1998, S. 79–94.

Lee, Sang-O: Eduard Sprangers Beitrag zur Theorie der Erwachsenenbildung, Tübingen 1994.

Leske, Monika: Philosophen im „Dritten Reich". Studie zu Hochschul- und Philosophiebetrieb im faschistischen Deutschland, Berlin 1990.

Lingelbach, Karl Christoph: Erziehung und Erziehungstheorien im nationalsozialistischen Deutschland. Ursprünge und Wandlungen der 1933–1945 in Deutschland vorherrschenden erziehungstheoretischen Strömungen, ihre politischen Funktionen und ihr Verhältnis zur außerschulischen Erziehungspraxis des „Dritten Reiches". Überarbeitete Zweitausgabe mit drei neuen Studien und einem Diskussionsbericht (Sozialhistorische Studien zur Reformpädagogik und Erwachsenenbildung, Band 6), Frankfurt am Main 1987.

Linke, Werner: Eduard Spranger zu seinem 80. Geburtstag am 27. Juni 1962, in: Pädagogenprofile, Teil 1 (Steglitzer Arbeiten zur Philosophie und Erziehungswissenschaft, Band 15; Gesellschaft, Erziehung und Bildung, Band 67), Rheinfelden 1998, S. 115–141.

Löffelholz, Michael: Das bedeutsame Vermächtnis Eduard Sprangers. Anmerkungen zur Edition seiner „Gesammelten Schriften", in: Zeitschrift für Pädagogik, 27. Jg. (1981), Heft 1, S. 66–74.

Löffelholz, Michael: Eduard Spranger (1882–1963), in: Scheuerl, Hans (Hrsg.): Klassiker der Pädagogik, Band 2: Von Karl Marx bis Jean Piaget, 2. überarbeitete und um ein Nachwort ergänzte Auflage, München 1991, S. 258–276.

Löffelholz, Michael: Eduard Spranger 1882–1963, in: Gall, Lothar (Hrsg.): Die großen Deutschen unserer Epoche, Berlin / Frankfurt am Main 1995, S. 83–95.

Löffelholz, Michael: Philosophie, Politik und Pädagogik im Frühwerk Eduard Sprangers, 1900–1918 (Hamburger Studien zur Philosophie, Band 3), Hamburg 1977.

Löwith, Karl: Mein Leben in Deutschland vor und nach 1933. Ein Bericht, Stuttgart 1986.

Lück, Helmut E.: Anmerkungen zu Eduard Spranger, in: Lück, Helmut E. / Quanz, Dietrich R. (Hrsg.): Der Briefwechsel zwischen Carl Diem und Eduard Spranger (Schriften der Deutschen Sporthochschule Köln, Band 31), Sankt Augustin 1995, S. 139–147.

Lucker, Elisabeth: Eduard Spranger und der Nationalsozialismus, in: Katholische Bildung. Organ des Vereins katholischer deutscher Lehrerinnen (VkdL), 92. Jg. (1991), Heft 2, S. 84–90.

Mahlke, Bernhard: Zum Anteil des Stahlhelm an der Vorbereitung, Errichtung und Festigung der faschistischen Diktatur in Deutschland (1929 bis 1934/1935), Potsdam 1968.

Matthes, Eva: Geisteswissenschaftliche Pädagogik nach der NS-Zeit. Politische und pädagogische Verarbeitungsversuche, Bad Heilbrunn 1998.

Menck, Peter: Pädagogik in Deutschland zwischen 1933 und 1945. Überlegungen zur Aneignung einer verdrängten Tradition, in: Herrmann, Ulrich / Oelkers, Jürgen (Hrsg.): Pädagogik und Nationalsozialismus (Reihe Pädagogik), Weinheim / Basel 1989, S. 39–51.

Meyer, Hermann Josef: Die Anfänge der erweckenden Erziehung im pädagogischen Denken Eduard Sprangers, in: Retter, Hein / Meyer-Willner, Gerhard (Hrsg.): Zur Kritik und Neuorientierung der Pädagogik im 20. Jahrhundert. Festschrift für Walter Eisermann zum 65. Geburtstag (Beiträge zur historischen Bildungsforschung, Sonderband), Hildesheim 1987, S. 194–204.

Meyer, Hermann Josef: Eduard Sprangers Beurteilung der gegenwärtigen Lage, in: Universitas. Zeitschrift für Wissenschaft, Kunst und Literatur, 17. Jg. (1962), Heft 6, S. 681–687.

Meyer, Hermann Josef: Nachwort, in: Spranger, Eduard: Gesammelte Schriften, Band VIII: Staat, Recht und Politik, herausgegeben von Hermann Josef Meyer, Tübingen / Heidelberg 1970, S. 411–423.

Meyer, Hermann Josef: Sprangers Idee der Gewissenserziehung und das Problem der Legitimation, in: Pädagogische Rundschau, 37. Jg. (1983), Heft 4, S. 403–425.

Meyer-Willner, Gerhard (Hrsg.): Eduard Spranger. Aspekte seines Werks aus heutiger Sicht. Mit einer bisher unveröffentlichten autobiographischen Skizze von Eduard Spranger, Bad Heilbrunn 2001.

Meyer-Willner, Gerhard: Eduard Spranger und die Lehrerbildung. Die notwendige Revision eines Mythos, Bad Heilbrunn 1986.

Mollenhauer, Klaus: Pädagogik und Rationalität, in: Die Deutsche Schule. Zeitschrift für Erziehungswissenschaft, Bildungspolitik und pädagogische Praxis, 56. Jg. (1964), Heft 12, S. 665–676.

Müllges, Udo: Bildung und Berufsbildung. Die theoretische Grundlegung des Berufserziehungsproblems durch Kerschensteiner, Spranger, Fischer und Litt, Ratingen 1967.

Murata, Noboru: Bildungstheorie der „Volksschule" bei Spranger und in Japan. Zur Wirkungsgeschichte von Sprangers „Eigengeist" der Volksschule, in: Pädagogische Rundschau, 37. Jg. (1983), Heft 4, S. 439–452.

Murthy, Belwady Srinivasa: Die Bedeutung der philosophischen „Typen"-Lehre bei Eduard Spranger im Hinblick auf seine Werttheorie, Mainz 1968.

Nagai, Kazuo: Die Rezeption der Theorien Eduard Sprangers in Japan, in: Pädagogische Rundschau, 37. Jg. (1983), Heft 4, S. 453–460.

Neu, Theodor: Bibliographie Eduard Spranger, Tübingen 1958.

Neumann, Dieter: Ein Klassiker der Pädagogik in evolutionärer Perspektive: Eduard Sprangers „Lebensformen" im Lichte der modernen Biologie, in: Zeitschrift für Pädagogik, 48. Jg. (2002), Heft 5, S. 720–740.

Nicklis, Werner: Arbeiten über Forschungsgegenstände, Problemstellungen und Handlungsmotive aus dem Denken und Leben Eduard Sprangers, in: Pädagogische Rundschau, 38. Jg. (1984), S. 381–388.

Nicolin, Friedhelm: Die Vergegenwärtigung der Erziehungsgeschichte im Werk Eduard Sprangers, in: Pädagogische Rundschau. Monatsschrift für Erziehung und Unterricht, 16. Jg. (1962), Heft 7–8, S. 598–623.

Niethammer, Arnolf: Eduard Spranger. Erziehung als „Erweckung" oder die ethische Dimension der Erziehung, in: Pädagogische Rundschau, 43. Jg. (1989), S. 463–482.

Nosbüsch, Johannes: Der aktuelle Eduard Spranger. 25 Jahre nach seinem Tod, in: Katholische Bildung. Organ des Vereins katholischer deutscher Lehrerinnen (VkdL), 89. Jg. (1988), Heft 12, S. 661–672.

Oelkers, Jürgen / Adl-Amini, Bijan (Hrsg.): Pädagogik, Bildung und Wissenschaft. Zur Grundlegung der geisteswissenschaftlichen Pädagogik, Bern / Stuttgart 1982.

Oelkers, Jürgen / Schulz, Wolfgang K. (Hrsg.): Pädagogisches Handeln und Kultur. Aktuelle Aspekte der geisteswissenschaftlichen Pädagogik, Bad Heilbrunn 1984.

Oelkers, Jürgen: Pädagogische Reform und Wandel der Erziehungswissenschaft, in: Führ, Christoph / Furck, Carl-Ludwig (Hrsg.): Handbuch der deutschen Bildungsgeschichte, Band VI: 1945 bis zur Gegenwart, 1. Teilband: Bundesrepublik Deutschland, München 1998, S. 217–243.

Oelkers, Jürgen: Pädagogischer Geist und erzieherisches Handeln – Handlungstheoretische Implikationen der „geisteswissenschaftlichen Pädagogik", in: Zeitschrift für Pädagogik, 27. Jg. (1981), S. 739–767.

Oelrich, Waldemar: Sprangers geisteswissenschaftliche Psychologie, in: Pädagogische Rundschau. Monatsschrift für Erziehung und Unterricht, 16. Jg. (1962), Heft 7–8, S. 582–597.

Oestreich, Paul: Offener Brief an Eduard Spranger, in: Die Neue Erziehung. Monatsschrift für entschiedene Schulreform und freiheitliche Schulpolitik, 9. Jg. (1927), Heft 9, S. 665–670.

Ofenbach, Birgit: Eduard Spranger. Kultur und Erziehung. Gesammelte pädagogische Aufsätze (Werkinterpretationen pädagogischer Klassiker), Darmstadt 2002.

Ortmeyer, Benjamin: Eduard Spranger und die NS-Zeit (Frankfurter Beiträge zur Erziehungswissenschaft, Reihe Forschungsberichte, Band 7.1), Frankfurt am Main 2008.

Ortmeyer, Benjamin (Hrsg.): Eduard Sprangers Schriften und Artikel in der NS-Zeit. Dokumente 1933–1945 (Dokumentation ad fontes, Band I), Frankfurt am Main 2008.

Ortmeyer, Benjamin: Mythos und Pathos statt Logos und Ethos. Zu den Publikationen führender Erziehungswissenschaftler in der NS-Zeit: Eduard Spranger, Herman Nohl, Erich Weniger und Peter Petersen, Weinheim / Basel 2009 (im Druck).

Ortmeyer, Benjamin: Schicksale jüdischer Schülerinnen und Schüler in der NS-Zeit – Leerstellen deutscher Erziehungswissenschaft? Bundesrepublikanische Erziehungswissenschaften (1945/49–1995) und die Erforschung der nazistischen Schule, Witterschlick / Bonn 1998.

Otto, Hans-Uwe / Sünker, Heinz (Hrsg.): Politische Formierung und soziale Erziehung im Nationalsozialismus, Frankfurt am Main 1991.

2. Sekundärliteratur

Otto, Hans-Uwe / Sünker, Heinz (Hrsg.): Soziale Arbeit und Faschismus. Volkspflege und Pädagogik im Nationalsozialismus, Bielefeld 1986.

Paffrath, F. Hartmut: Eduard Spranger und die Volksschule. Eine historisch-systematische Untersuchung. Mit einem Anhang unveröffentlichter Schriften Eduard Sprangers, Bad Heilbrunn 1971.

Paffrath, F. Hartmut: Erziehung nach dem Faschismus, in: Meyer-Willner, Gerhard (Hrsg.): Eduard Spranger. Aspekte seines Werks aus heutiger Sicht. Mit einer bisher unveröffentlichten autobiographischen Skizze von Eduard Spranger, Bad Heilbrunn 2001, S. 73–89.

Pestalozzi, Johann Heinrich: Sämtliche Werke, Band 8, Liegnitz 1900.

Petersen, Peter: Der Mensch in der Erziehungswirklichkeit, Weinheim / Basel 1984.

Pflaum, Ernst: Eduard Sprangers geisteswissenschaftliche Psychologie, in: Jüttemann, Gerd (Hrsg.): Wegbereiter der historischen Psychologie, München / Weinheim 1988, S. 133–139.

Poliakov, Léon / Wulf, Joseph (Hrsg.): Das Dritte Reich und seine Denker. Dokumente und Berichte, Wiesbaden 1989.

Poliakov, Léon: Geschichte des Antisemitismus, Band V–VIII, Frankfurt am Main 1987–1989.

Portner, Dieter: Der Pflichtbegriff in der Pädagogik Georg Kerschensteiners und Eduard Sprangers. Mit zwei unveröffentlichten Vortragsdispositionen aus dem Handschriftennachlass Georg Kerschensteiners, München 1974.

Prang, Helmut: Eduard Spranger. Praeceptor Germaniae, in: Zeitschrift für Religions- und Geistesgeschichte, 10. Jg. (1958), S. 250–252.

Priem, Karin / Glaser, Edith: „Hochverehrter Herr Professor!" – „Sehr geehrter Herr Kollege!". Rekonstruktion von Erziehungswissenschaft durch Biographik am Beispiel der Korrespondenzen Eduard Sprangers und Wilhelm Flitners, in: Wigger, Lothar (Hrsg.): Forschungsfelder der allgemeinen Erziehungswissenschaft (Zeitschrift für Erziehungswissenschaft, Beiheft 1), Opladen 2002, S. 163–178.

Priem, Karin: Bildung im Dialog. Eduard Sprangers Korrespondenz mit Frauen und sein Profil als Wissenschaftler 1903–1924 (Beiträge zur historischen Bildungsforschung, Band 24), Köln / Weimar / Wien 2000.

Proll, Hans: Die Fröbel-Rezeption in der geisteswissenschaftlichen Pädagogik. Nohl, Petersen, Spranger, E. Hoffmann (Pädagogik, Band 4; Berichte der Forschungsstelle für Schulgeschichte an der Universität – Gesamthochschule – Duisburg, Band 4), Bochum 1988.

Rang, Adalbert: Beklommene Begeisterung. Sprangers und Flitners Reaktion auf den Nationalsozialismus im Jahre 1933, in: Zedler, Peter / König, Eckard (Hrsg.): Rekonstruktionen pädagogischer Wissenschaftsgeschichte. Fallstudien, Ansätze, Perspektiven (Beiträge zur Theorie und Geschichte der Erziehungswissenschaft, Band 1), Weinheim 1989, S. 263–294.

Rang, Adalbert: Reaktionen auf den Nationalsozialismus in der Zeitschrift „Die Erziehung" im Frühjahr 1933, in: Otto, Hans-Uwe / Sünker, Heinz (Hrsg.): Soziale Arbeit und Faschismus. Volkspflege und Pädagogik im Nationalsozialismus, Bielefeld 1986, S. 35–54.

Rang, Adalbert: Spranger und Flitner 1933, in: Keim, Wolfgang (Hrsg.): Pädagogen und Pädagogik im Nationalsozialismus – Ein unerledigtes Problem der Erziehungswissenschaft (Studien zur Bildungsreform, Band 16), 2. durchgesehene Auflage, Frankfurt am Main / Bern / New York / Paris 1990, S. 65–78.

Reich, Eberhard: Zum Wandel der kulturphilosophischen und pädagogischen Ansätze Eduard Sprangers in seiner mittleren Schaffensperiode und in seinem Spätwerk, Tübingen 2000.

Retter, Hein / Meyer-Willner, Gerhard (Hrsg.): Zur Kritik und Neuorientierung der Pädagogik im 20. Jahrhundert. Festschrift für Walter Eisermann zum 65. Geburtstag (Beiträge zur historischen Bildungsforschung, Sonderband), Hildesheim 1987.

Retter, Hein: Eduard Spranger und Wilhelm Dilthey – Aspekte eines umstrittenen Lehrer-Schüler-Verhältnisses, in: Humanisierung der Bildung. Jahrbuch der Internationalen Akademie zur Humanisierung der Bildung (IAHB), 3. Jg. (2000), S. 228–244.

Ringer, Fritz K.: Die Gelehrten. Der Niedergang der deutschen Mandarine 1890–1933, Stuttgart 1983.

Ritzel, Wolfgang: Philosophie und Pädagogik im 20. Jahrhundert (Die philosophischen Bemühungen des 20. Jahrhunderts), Darmstadt 1980.

Röhrs, Hermann: Grundlagen der Geisteswissenschaften. Eine Erörterung der Gesammelten Schriften von Eduard Spranger, in: Pädagogische Rundschau, 36. Jg. (1982), Heft 3, S. 221–231.

Roth, Leo (Hrsg.): Pädagogik. Handbuch für Studium und Praxis, 2. überarbeitete und erweiterte Auflage, München 2001.

Sacher, Werner / Schraut, Alban (Hrsg.): Volkserzieher in dürftiger Zeit. Studien über Leben und Wirken Eduard Sprangers. Beiträge zum Internationalen Spranger-Symposion in Nürnberg am 11./12. Oktober 2002 (Erziehungskonzeptionen und

Praxis, Band 59), Frankfurt am Main / Berlin / Bern / Brüssel / New York / Oxford / Wien 2004.

Sacher, Werner: Eduard Spranger 1902–1933. Ein Erziehungsphilosoph zwischen Dilthey und den Neukantianern (Europäische Hochschulschriften, Reihe 11: Pädagogik, Band 347), Frankfurt am Main / Bern / New York / Paris 1988.

Sacher, Werner: Eduard Spranger und Käthe Hadlich. Eine biographische Skizze, in: Jahrbuch für historische Bildungsforschung, 5. Jg. (1999), S. 247–266.

Schäfer, K.-H.: Spranger, Eduard, in: Lexikon der Pädagogik, neue Ausgabe, Band 4, Freiburg / Basel / Wien 1971, S. 161–162.

Schlüter, Marnie: Die Aufhebung des humanistischen Bildungsideals. Eduard Spranger im Spektrum des Weimarer Konservativismus, in: Apel, Hans Jürgen (Hrsg.): Das öffentliche Bildungswesen. Historische Entwicklung, gesellschaftliche Funktionen, pädagogischer Streit, Bad Heilbrunn 2001, S. 309–321.

Scholder, Klaus (Hrsg.): Die Mittwochs-Gesellschaft. Protokolle aus dem geistigen Deutschland 1933–1944, Berlin 1982.

Schonig, Bruno: Irrationalismus als pädagogische Tradition. Die Darstellung der Reformpädagogik in der pädagogischen Geschichtsschreibung, Weinheim / Basel 1973.

Schulz, Wolfgang K.: Das Kulturverständnis in der frühen Pädagogik von Eduard Spranger und Theodor Litt, in: Oelkers, Jürgen / Schulz, Wolfgang K. (Hrsg.): Pädagogisches Handeln und Kultur Aktuelle Aspekte der geisteswissenschaftlichen Pädagogik, Bad Heilbrunn 1984, S. 25–44.

Schüßler, Werner: Spranger, Eduard, in: Biographisch-bibliographisches Kirchenlexikon, Band X, Nordhausen 1995, Sp. 1061–1070.

Schwarz, Richard: Begegnung und Dank – Eduard Spranger zum 80. Geburtstag am 27. Juni 1962, in: Universitas. Zeitschrift für Wissenschaft, Kunst und Literatur, 17. Jg. (1962), Heft 6, S. 595–600.

Song, Sun-Jae: Der Erweckungsbegriff in der Pädagogik Eduard Sprangers, Tübingen 1991.

Sontheimer, Kurt: Antidemokratisches Denken in der Weimarer Republik. Die politischen Ideen des deutschen Nationalismus zwischen 1918 und 1933, 4. Auflage, München 1994.

Spengler, Oswald: Der Untergang des Abendlandes. Umrisse einer Morphologie der Weltgeschichte, München 1998.

Spengler, Oswald: Politische Pflichten der deutschen Jugend, München 1924.

Literaturverzeichnis

Spengler, Oswald: Preußentum und Sozialismus, München 1922.

Spieler, F.: Spranger, Eduard, in: Lexikon der Pädagogik der Gegenwart, Band 2, Freiburg 1932, Sp. 1010–1012.

Spranger, Eduard, in: Lexikon der Pädagogik in 3 Bänden, Band III, Bern 1952, S. 436–437.

Spranger, Eduard, in: Lexikon der Pädagogik, Band IV, Freiburg 1955, Sp. 440–441.

Strecker, Dieter: Religion und Metaphysik im Leben und Denken Eduard Sprangers, Tübingen 1973.

Süssenbach, Horst: Eine dialektisch-materialistische Kritik der Auffassungen Paul Natorps und Eduard Sprangers zur Interpretation und Entwicklung der spätbürgerlichen Gesellschaft, Berlin 1975.

Tashiro, Takahiro: Affinität und Distanz. Eduard Spranger und der Nationalsozialismus, in: Pädagogische Rundschau, 53. Jg. (1999), S. 43–58.

Tenorth, Heinz-Elmar: Deutsche Erziehungswissenschaft 1930 bis 1945, in: Zeitschrift für Pädagogik, 32. Jg. (1986), Heft 3, S. 299–321.

Tenorth, Heinz-Elmar: Eduard Spranger, in: Schmoldt, Benno (Hrsg.): Pädagogen in Berlin. Auswahl von Biographien zwischen Aufklärung und Gegenwart (Materialien und Studien zur Geschichte der Berliner Schule, Band 9), Baltmannsweiler 1991, S. 195–214.

Tenorth, Heinz-Elmar: Eduard Sprangers hochschulpolitischer Konflikt 1933. Politisches Handeln eines preußischen Gelehrten, in: Zeitschrift für Pädagogik, 36. Jg. (1990), S. 573–596.

Tenorth, Heinz-Elmar: Pädagogik für Krieg und Frieden. Eduard Spranger und die Erziehungswissenschaft an der Universität Berlin von 1913–1933, in: Horn, Klaus-Peter: Pädagogik Unter den Linden. Von der Gründung der Berliner Universität im Jahre 1810 bis zum Ende des 20. Jahrhunderts (Pallas Athene, Band 6), Stuttgart 2002, S. 191–226.

Tenorth, Heinz-Elmar: Zur deutschen Bildungsgeschichte 1918–1945. Probleme, Analysen und politisch-pädagogische Perspektiven (Studien und Dokumentationen zur deutschen Bildungsgeschichte, Band 28), Köln / Wien 1985.

Thema: Eduard Spranger. Pädagogische Rundschau, 37. Jg. (1983), Heft 4, S. 391–460.

2. Sekundärliteratur

Thiersch, Hans: Geisteswissenschaftliche Pädagogik, in: Lenzen, Dieter (Hrsg.): Enzyklopädie Erziehungswissenschaft, Band 1: Theorien und Grundbegriffe der Erziehung und Bildung, Stuttgart 1983, S. 81–100.

Uhle, Reinhard: Eduard Spranger (1882–1963). Pädagogik zwischen Hermeneutik und Kulturphilosophie geistiger Mächte, in: Brinkmann, Wilhelm / Harth-Peter, Waltraud (Hrsg.): Freiheit, Geschichte, Vernunft. Grundlinien geisteswissenschaftlicher Pädagogik. Winfried Böhm zum 22. März 1997, Würzburg 1997, S. 213–232.

Uhle, Reinhard: Verstehen in der kulturpädagogischen Sichtweise Eduard Sprangers, in: Oelkers, Jürgen / Schulz, Wolfgang K. (Hrsg.): Pädagogisches Handeln und Kultur Aktuelle Aspekte der geisteswissenschaftlichen Pädagogik, Bad Heilbrunn 1984.

Waschulewski, Ute: Die Wertpsychologie Eduard Sprangers. Eine Untersuchung zur Aktualität der „Lebensformen" (Texte zur Sozialpsychologie, Band 8), Münster / New York / München / Berlin 2002.

Weber, Bernd: Pädagogik und Politik vom Kaiserreich zum Faschismus. Zur Analyse politischer Optionen von Pädagogikhochschullehrern von 1914–1933 (Monographien Pädagogik, Band 26), Königstein 1979.

Wenke, Hans (Hrsg.): Eduard Spranger. Bildnis eines geistigen Menschen unserer Zeit. Zum 75. Geburtstag dargebracht von Freunden und Weggenossen, Heidelberg 1957.

Wenke, Hans (Hrsg.): Geistige Gestalten und Probleme. Eduard Spranger zum 60. Geburtstag, Leipzig 1942.

Wenke, Hans: Die Erziehungswirklichkeit. Kultur, Humanität, Erziehung – Grundmotive der Gedankenwelt Eduard Sprangers, in: Universitas. Zeitschrift für Wissenschaft, Kunst und Literatur, 17. Jg. (1962), Heft 6, S. 567–586.

Wenke, Hans: Eduard Spranger über Idee und Wirklichkeit der deutschen Universität, in: Pädagogische Rundschau. Monatsschrift für Erziehung und Unterricht, 16. Jg. (1962), Heft 7–8, S. 571–581.

Wenke, Hans: Gedenkworte auf Eduard Spranger, den Philosophen, Psychologen und Erzieher, in: Universitas. Zeitschrift für Wissenschaft, Kunst und Literatur, 18 Jg. (1963), Heft 10, S. 1060–1063.

Wenke, Hans: Zur Philosophie des totalen Krieges, in: Wenke, Hans (Hrsg.): Geistige Gestalten und Probleme, Leipzig 1942, S. 267–289.

Wiater, Werner: Die Normativität des Geistes im Leben des Menschen Eduard Spranger (1882–1963), in: Heitger, Marian / Wenger Angelika (Hrsg.): Kanzel und Katheder. Zum Verhältnis von Religion und Pädagogik seit der Aufklärung, Paderborn / München / Wien / Zürich 1994, S. 417–438.

Zedler, Peter / König, Eckard (Hrsg.): Rekonstruktionen pädagogischer Wissenschaftsgeschichte. Fallstudien, Ansätze, Perspektiven (Beiträge zur Theorie und Geschichte der Erziehungswissenschaft, Band 1), Weinheim 1989.

Zur Pädagogik Eduard Sprangers. Aus Anlass des 80. Geburtstages von Eduard Spranger am 27. Juni 1962, Pädagogische Rundschau, 16. Jg. (1962), Heft 7–8.